AF179017

Tucholsky Wagner Zola Scott Sydow Freud Schlegel
Turgenev Wallace Fonatne
Twain Walther von der Vogelweide Fouqué Friedrich II. von Preußen
Weber Freiligrath
Fechner Weiße Rose von Fallersleben Kant Ernst Frey
Fichte Richthofen Frommel
Engels Fielding Hölderlin
Fehrs Faber Flaubert Eichendorff Tacitus Dumas
Feuerbach Maximilian I. von Habsburg Fock Eliasberg Zweig Ebner Eschenbach
Ewald Eliot Vergil
Goethe Elisabeth von Österreich London
Mendelssohn Balzac Shakespeare Dostojewski Ganghofer
Trackl Lichtenberg Rathenau Doyle Gjellerup
Stevenson Hambruch
Mommsen Tolstoi Lenz Hanrieder Droste-Hülshoff
Thoma von Arnim Hägele Hauff Humboldt
Dach Verne Rousseau Hagen Hauptmann Gautier
Karrillon Reuter Garschin Defoe Hebbel Baudelaire
Damaschke Descartes Hegel Kussmaul Herder
Wolfram von Eschenbach Dickens Schopenhauer Rilke George
Bronner Darwin Melville Grimm Jerome Bebel Proust
Campe Horváth Aristoteles Voltaire Federer Herodot
Bismarck Vigny Barlach Heine
Gengenbach
Storm Casanova Tersteegen Grillparzer Georgy
Lessing Gilm
Chamberlain Langbein Gryphius
Brentano Lafontaine
Strachwitz Claudius Schiller Kralik Iffland Sokrates
Katharina II. von Rußland Bellamy Schilling
Gerstäcker Raabe Gibbon Tschechow
Löns Hesse Hoffmann Gogol Wilde Gleim Vulpius
Luther Heym Hofmannsthal Morgenstern
Roth Klee Hölty Goedicke
Heyse Klopstock Kleist
Luxemburg Puschkin Homer Mörike Musil
La Roche Horaz
Machiavelli Kierkegaard Kraft Kraus
Navarra Aurel Musset Lamprecht Kind Kirchhoff Hugo Moltke
Nestroy Marie de France
Laotse Ipsen Liebknecht
Nietzsche Nansen Ringelnatz
Marx Lassalle Gorki Klett
von Ossietzky May Leibniz
vom Stein Lawrence Irving
Petalozzi Platon Knigge
Sachs Pückler Michelangelo Kafka
Poe Kock
Liebermann Korolenko
de Sade Praetorius Mistral Zetkin

Biographische Denkwürdigkeiten

Helfrich Peter Sturz

Impressum

Autor: Helfrich Peter Sturz
Umschlagkonzept: toepferschumann, Berlin

Verlag: tredition GmbH, Hamburg
ISBN: 978-3-8424-9379-7
Printed in Germany

Ziel der TRADITION CLASSICS ist es, tausende deutsch- und fremdsprachige Klassiker wieder in Buchform verfügbar zu machen. Die Werke wurden eingescannt und digitalisiert. Dadurch können etwaige Fehler nicht komplett ausgeschlossen werden. Unsere Kooperationspartner und wir von tredition versuchen, die Werke bestmöglich zu bearbeiten. Sollten Sie trotzdem einen Fehler finden, bitten wir diesen zu entschuldigen. Die Rechtschreibung der Originalausgabe wurde unverändert übernommen. Daher können sich hinsichtlich der Schreibweise Widersprüche zu der heutigen Rechtschreibung ergeben.

Text der Originalausgabe

Helfrich Peter Sturz

Biographische Denkwürdigkeiten

H.P STURZ

Helfrich Peter Sturz

Erinnerungen aus dem Leben des Grafen Johann Hartwig Ernst von Bernstorff

An die Frau Gräfin
E. C. von Bernstorff, geborne von Buchwald

Ich mache keinen Anspruch auf Autorschaft und Schriftstellerruhm, dazu konnten mich, wie Ew. nbsp;Gnaden bekannt ist, weder die Geschäfte noch die Schicksale meines Lebens führen; sondern weil Ihr verewigter Gemahl mein größter Wohltäter war, weil ich viel freudige, glückliche Jahre in seinem Hause unter seiner Leitung durchlebt habe, weil er mich bis an sein Ende seines Vertrauens und seiner Gewogenheit würdigte; so verkündige ich meine Empfindungen. Ich erzähle, welchen Mann die Erde verlor, und ich eigene das Opfer meiner Dankbarkeit Ew. nbsp;Gnaden zu, weil niemand diesen Verlust zärtlicher, inniger empfand und weil auch mein Dank Ihnen für Ihre mannigfaltige Güte gebührt. Ich erneure zwar traurige Auftritte; aber Erinnerung an den vortrefflichen Mann ist Bedürfnis Ihres Herzens.

Oldenburg, den 4. Juli 1777

H. P. Sturz

Ich wünschte Bernstorff zu schildern, wie er einst vor dem Gerichte der Nachwelt erscheint, wann kein Lob und keine Verleumdung mehr täuscht, wann die Zeit alle Stimmen gezählt und gewogen und seinen Wert berichtiget hat, wann die Folgen seiner Taten allein für ihn zeugen.

Alsdann, ich darf es erwarten, wird ein dankbares Volk ihn segnen, dessen Väter er glücklich machte, und erleuchtete Monarchen werden, zum Lohn ihrer Sorgen, einen Diener wie ihn von der Gottheit erflehn.

Aber Bernstorffs Geschichte ist innig mit der neuesten Geschichte aller Höfe verflochten; und wer darf es wagen, den Vorhang wegzuziehn, der diese Geheimnisse deckt, das bewegliche grenzenlose Gemälde der politischen Welt zu entwerfen, das eine Meisterhand fordert und doch nur für spätere Zeiten gehört, wo man die Wahrheit, weil sie weniger beleidigt, auch unter den Mächtigen erträgt?

Ich kann also Bernstorff nicht durch alle Auftritte seines merkwürdigen Lebens folgen. Ich mache mich nur zu zerstreuten Erinnerungen, zu wenigen, aber merkwürdigen Zügen seines Charakters verbindlich. Ich sammle nur einzele Zweige zur bürgerlichen Krone dieses Menschenfreunds, und ich lege sie auf sein ehrwürdig Grab nicht ohne stille Tränen nieder, denn ich habe ihn gekannt, ich habe den Minister hinter der Wolke gesehn, die ihn im Kreis der Geschäfte verbarg, die ihn gegen den spähenden Blick der Höflinge schützte.

Möcht es mir gelingen, mit Würde von dem Manne zu reden, der edlen Anstand und jede Schönheit der Tugend über seinen ganzen Wandel ausgoß! Nur wünschte ich den Ton der Lobrede zu meiden, der sich gerne zur feurigen Bewunderung gesellt und den kältern Beobachter mißtrauisch macht. Dieser fordert Eigentümlichkeit in dem Bilde großer Männer und erwartet Menschen zu sehen, keine Göttergestalten, die in den Denkmalen der Schriftsteller und Künstler sich immer einförmig ähnlich, so wie immer über der Natur, sind.

Bernstorff stammte aus einem durch Würden und Verdienste verherrlichten alten Geschlecht. Er war im Überfluß der Glücksgüter erzogen, ein Zufall, der den Weg zur Tugend mit neuen Hindernissen, mit neuen Gefahren umringt, weil Reichtum und Geburt ohne Mühe ein Ansehn gewähren, das sonst nur der Preis einer langen Arbeit ist. Bernstorff aber strebte mit einem Eifer nach Verdienst, als wenn er Glück und Namen erst durch seinen Fleiß erwerben sollte.

Mit einem Ernst über seine Jahre überließ er sich früh dem tugendhaften Ehrgeiz, nach der Achtung der Edelsten zu ringen. Es war eine Maxime seiner Jugend, die er oft noch im Alter wiederholte, mehr zu leisten, als Pflicht allein fordert, und dies war immer der güldne Spruch aller Unsterblichen. Er trat noch als Jüngling in die Ämter des Mannes. Schon im zwanzigsten Jahre ging er als dänischer Gesandter an den kursächsischen und königlich polnischen Hof, und er hat nachher die nämliche Würde in der Reichsversammlung zu Regensburg, bei Kaiser Karl dem Siebenten und am französischen Hofe bekleidet.

In einer langen Reihe von Jahren gingen alle Veränderungen der Staatswelt nahe an seinem Auge vorüber; nirgends trug sich ein wichtiger Vorfall zu, den er nicht aufgeklärt, dessen wahren Zusammenhang er nicht entfaltet hätte. Er selbst hatte viel Regenten, viel Minister, viel Günstlinge gekannt, oder er war ihnen durch ihr Leben mit einem forschenden Blick gefolgt; er kannte die Verfassung der Reiche, ihre Verhältnisse mit ihren Nachbarn, den Gang ihrer Politik, die oft den ungeübten Beobachter durch scheinbare Abwechselungen täuscht und doch bei mehr als einem Hofe jahrhundertelang die nämliche bleibt, weil der Geist der Nationen, ihre Art zu empfinden und zu handeln, nur langsam eine neue Wendung nimmt.

Sein Herz war für jede Tugend empfindlich; er suchte sie in der Geschichte und unter den Lebendigen auf; er hatte sich von seltenen Leuten Züge der ersten Vortrefflichkeit gewählt und wünschte sie alle in seinem Charakter zu vereinigen.

Die Vorsehung, welche so beständig und sichtbar für Dänemark wacht, hat ihm auch diesen Minister erhalten, der nach seiner Zurückkunft aus Frankreich schon einem andern Lande zugehörte. Er hatte sich dem Vater des jetzigen Königs von Engelland, dem gütigen Prinzen von Wallis, mit dem er erzogen war, in seiner Jugend verpflichtet, als der Tod dieses Fürsten Bernstorff seine Freiheit und dem dänischen Reich einen schon geprüften, großen Diener wiedergab.

Er war in der Kraft seiner Jahre, da er seine Staatsverwaltung antrat, und Friederich der Fünfte hatte noch nicht lange geherrscht, ein Monarch, der durch seine Leidenschaft, wohlzutun, durch die unwandelbare Güte seines Herzens die Freude des menschlichen Geschlechts war, der sich ganz der Wollust, geliebt zu sein, überließ, der von Vergnügen überfloß, wenn er es um sich her verbreiten konnte, dessen Ruhm auf dem Wege zur Unsterblichkeit immer höher steigen wird. Zwar warfen ihm die Schmeichler der Tyrannen seine unbegrenzte Gelindigkeit vor. Wenn man ihnen glaubt, so erschlaffen die Zügel in der Hand eines allzu gütigen Regenten. Als hätte das Volk seine Fürsten nur darum mit Übergewalt bewaffnet, damit es vor ihnen zittern müsse? Am Thron des Despoten mag immer die Lobrede des Sklaven widerhallen, stille widerlegt sie der

Untertanen Fluch und die kühnere Nachkommenschaft laut. Es kann einem Menschenverächter gelingen, mit tugendloser Klugheit einen Haufen Iloten in schreckenvoller Ordnung zu beherrschen, aber für ihn ist auch keine Wollust der Liebe, kein Vertrauen, keine Freude der Menschlichkeit mehr.

Um Friedrichs Thron drängte sich ein zufriednes, frohlockendes Volk; es umringte ihn, wie in dem ersten Alter der Welt eine Familie ihren Vater umringte. Er umfaßte sie alle mit gleich inbrünstiger Liebe, und sie wurden von seiner Gewalt nur durch sein Wohltun überzeugt. Er wurde nie zum Zorn, nie zur Strenge gereizt. Er war immer ohne Bitten zur Gnade geneigt. Oft hat er als König das Gute belohnt, was, in der einsamen Hütte verborgen, nicht den Monarchen, nur den Menschen rühren konnte, und was dem Menschen mißfiel, hat er nie als König gerächt.

Diesem König diente Bernstorff mit einem nicht minder zärtlichen Herzen. Daher war auch seine Verwaltung der einheimischen und auswärtigen Geschäfte eine Reihe menschenfreundlicher Taten. Sein System in der Politik war, was es am Thron guter Könige ist, Friede, gutes Vernehmen, wechselseitige Dienstfertigkeit, Wohlfahrt und Ruhm fürs Vaterland, Vorteile auch für fremde Staaten. Damit erwarb er sich Vertrauen und bewies, daß redlich handeln die vorteilhafteste Staatskunst sei, anstatt daß ein Gewebe von Ränken nur eine Zeitlang gelingt und endlich ohnfehlbar die Verachtung und den Abscheu aller Völker gegen den Betrüger vereinigt. Nie ward von ihm die Heiligkeit der Verträge beleidigt, nie die gesetzmäßige Verfassung irgendeines Staats untergraben. Er erlaubte sich nie, Unterdrückte zu verfolgen, um dem Mächtigen zu schmeicheln, sich zum Sieger zu gesellen, um die Beute des Überwundenen zu teilen; sondern er dachte und handelte am Ruder des Staats, wie ein tugendhafter Mann in der bürgerlichen Gesellschaft zu denken und zu handeln gewohnt ist. Er glaubte nicht, daß ein glänzender Endzweck einen ungerechten Schritt entschuldigen könne, nicht, daß unter Königen eine andere Rechtschaffenheit gelte als unter den niedrigsten Erdbewohnern. Wenn man gegen ihn treulose Künste versuchte, so vereitelte er sie durch seine Klugheit. Denn so sehr er die Staatskünstelei verachtete, so sahe er doch ihre Finsternisse durch. Er vermutete die Ursachen und verkündigte die Folgen mancher dunkeln Begebenheit, noch ehe sie sich ganz entwickelt hatte. Oft ermunterte ein kleiner Vorfall seine ganze Geschäftigkeit, und noch öfter blieb er ruhig, wenn nach dem Urteil des großen und kleinen Pöbels ein Ungewitter aufzog.

Alle Kräfte, die Europa zerrütten oder die es beruhigen konnten, die Macht und Ohnmacht seiner Völker und Fürsten, hatte Bernstorff durch eine lange Erfahrung zuverlässig zu schätzen und zu vergleichen gelernt.

Das Verdienst eines Staatsmannes ist alsdann ohne Widerspruch entschieden, wenn der Hof, dem er dient, auch mit weniger Gewalt unter den mächtigsten Höfen eine ehrenvolle Stelle behauptet, wenn man seine Wünsche unterstützt, wenn man ihm mit Achtung und Würde begegnet. Dänemark hatte unter Bernstorffs Verwaltung mehr Einfluß als zu irgendeiner Zeit in die größten Angelegenheiten der Welt. Selbst Staaten suchten seine Freundschaft, die kein natürlich Interesse dazu antreiben konnte; des Königs Stimme war ehrwürdig auch an größeren Thronen, sein Rat wurde nie ohne Achtung gehört und gab öfters zum Wohl fremder Völker den Ausschlag.

In einem bedenklichen Zeitpunkt des Krieges, der vor wenig Jahren Europa verheerte, wählten zwei mächtige Heere Dänemark zum Mittler, um einen Vergleich zu stiften, der damals für den einen Teil wichtig werden konnte, hätten ihn nicht Ferdinands Siege, noch ehe er zustandekam, überflüssig gemacht. In den polnischen Unruhen hat das Vorwort dieses Hofes die Rechte der Dissidenten mit erwünschtem Erfolg unterstützt, und zwei dänische Minister in Württemberg haben unter den Ständen und ihrem Fürsten eine glückliche Aussöhnung vorbereitet.

Bernstorff stiftete nicht Bündnisse allein, sondern Freundschaften unter Monarchen. Ich nenne die Verbindung zwischen Rußland und Dänemark mit diesem unter den Großen der Erde so ungewöhnlichen Namen, denn kein anderer drückt so bündig die Gesinnungen der unsterblichen Kaiserin aus, welche über große Geschäfte des Staats alle Empfindsamkeit ihres menschenfreundlichen Herzens verbreitet.

Solange Friedrich regierte, war ganz Europa mit Dänemark einig; dies Reich genoß einer ungestörten Ruhe. Hätte Friedrich den Ruhm, der Königen schmeichelt, Eroberungen mehr als das Glück seiner Untertanen geschätzt, so fehlte es in dem letztern Kriege nicht an Veranlassungen und glücklichen Aussichten. Es war beinahe seiner Wahl überlassen, auf welche Art er die allgemeine Zerrüttung zu seinem Vorteile nützen wollte. Trat er gegen Preußen auf der Verbundenen Seite, so gab er vielleicht der Übermacht den Ausschlag und konnte Belohnungen fordern, die alle Wünsche des Eigennutzes befriedigt haben würden; war er mehr von der Ehre gereizt, dem Unterdrückten zu Hülfe zu eilen, so war auch da der Preis des Sieges nicht fern, und es ist endlich Zeit, riefen selbst Patrioten, daß Dänemark nach einer langen Ruhe sich wieder in den Waffen übe. Ein beständiger Friede entnervt die Nation, und nur in den Stürmen des Staats erheben sich mächtige Seelen, deren Beispiel wieder ein ganzes Menschenalter hebt. Aber Friedrich liebte sein Volk. Der Gedanke, daß der Tod vieler Tausend ebensoviel sanfte Bande der Menschlichkeit trennt, wog in seinem Herzen alle Scheingründe des Ehrgeizes auf. Er strebte nicht nach Verdiensten, die nur ein allgemeines Elend entwickelt; er dachte groß genug, um lieber weniger zu glänzen, als weniger wohltätig zu sein. Er haßte den Krieg, ich darf es zum Ruhm seines Herzens gestehen; aber ganz Europa war Zeuge, daß er ihn nicht gefürchtet hat. Denn wir sahn ihn einem sieggewohnten Volk entschlossen entgegeneilen, als es darauf ankam, die Ehre seiner Krone zu behaupten, und auch Bernstorff trat dieser edlen Entschließung mit einer feurigen Tätigkeit bei, so mächtig er auch von dem ganzen Gefühl der bedenklichen Folgen durchdrungen war. Bernstorff hat also seiner Neigung zum Frieden nie größere Pflichten geopfert, und er, der Verdienste ums Vaterland mit einer warmen Empfindlichkeit ehrte, verdient den ungerechten Vorwurf nicht, daß er den Soldatenstand angefeindet habe. Es ist wahr, er unterschied die hohen Pflichten dieses Standes von den Forderungen einzeler Glieder desselben, die, durch Leidenschaften und Vorurteile verleitet, gleich jeden Hof zum Lager und jedes Volk zum Heer umschaffen möchten. Er glaubte, daß es Dänemark weniger als irgendeine andere Macht nötig habe, unter einer beständigen Rüstung zu wachen, da es durch Meere, die mit einer ehrwürdigen Flotte bedeckt sind, von fremden Eroberern getrennt wird, da sein Erbrecht durch eine Folge von Jahrhunderten heilig ist, da dieser Staat nicht aus Trümmern anderer Staaten besteht, die, durch Gewalt unterworfen, auch durch eine fortgesetzte Gewalt behauptet werden müssen.

Bernstorff schlummerte darum nicht bei nahen und fernen Gefahren, und seine Fürsorge schränkte sich nicht auf die Zeit seiner Staatsverwaltung ein, sondern auch für eine lange Zukunft wollte er Dänemark einer dauernden Ruhe versichern.

Darum arbeitete er mit immer gleichem Eifer an einer Vereinbarung mit Rußland, um den unglücklichen Zwist im Norden und die Ansprüche eines Zweiges des holsteinischen Hauses auf ewig zu entscheiden. Alle Hindernisse reizten seinen Fleiß, und er ermüdete nicht, sooft auch seine Hoffnung eines glücklichen Ausgangs getäuscht ward. Ein Vertrag, der angefochtene Rechte bestätigen, die selbständige Macht von Dänemark erhöhen und einen künftigen Krieg abwenden konnte, schien ihm der Triumph seines mühsamen Lebens und die höchste Belohnung einer segnenden Vorsehung zu sein.

Es war nicht in ihrem Ratschluß, daß Bernstorff den Tag sehen sollte, der der schönste seines Lebens gewesen sein würde, an welchem Katharina, die Wohltätigste unter den wenigen Großen, deren Übermacht die Erde beglückt, ihrer Zeit und der künftigen Friede verlieh, als sie, unter Siegen, wohin ihr die Geschichte kaum folgt, im Osten Königreiche zurückgab, im Norden Provinzen austeilte und alle Zweige ihres Heldenstamms durch ein neues Band der Großmut vereinigte. Aber Bernstorff verdient darum nicht weniger der Nachkommen Dank. Denn er hat das große Geschäfte eingeleitet und auch bis auf die Erfüllung der Zusagen vollendet. Der Traktat war schon bei seinem Leben geschlossen, nur konnte man ihn nicht ohne die gesetzmäßige Beistimmung des russischen Thronerben und des Erbprinzen von Dänemark vollziehn, deren erste Handlung als Fürsten eine Handlung der Großmut und Menschenliebe war, denn sie opferten willig eigene Vorteile dem allgemeinen Wohl auf.[1]

Bernstorff hat also den Baum gepflanzet, gewartet und begossen, der nun ein gerettetes Menschengeschlecht gegen Stürme beschützt und durch seinen Schatten erquickt. War ihm nie ein ander Unternehmen gelungen, so müßte ewig sein Name in der Geschichte von Dänemark leuchten. Aber wenn es der wichtigste Dienst dieser Art

---

[1] Der Erbprinz Friederich entsagte der Koadjutorschaft von Lübeck.

war, so war es doch der einzige nicht; denn auch das Herzogtum Plön hat er durch Verträge mit der Krone vereinigt.

Das Verdienst eines Ministers in auswärtigen Geschäften bleibt oft, wie die Geschäfte selbst, ein Geheimnis; aber alles, was er im Staat anordnet, geschieht vor den Augen der Nation, und noch heller strahlte hier Bernstorffs menschensegnende Tugend; hier kam es unmittelbar auf das Glück der Untertanen an, und jede Verfügung trug das Gepräge seines Herzens. Dennoch verstand er es sowenig als irgendein Sterblicher, allen Launen zu schmeicheln und widersprechende Wünsche zu vereinigen, und man hat seine Verwaltung oft mit aufrichtigem Unverstand, öfter mit voreiligem Leichtsinne getadelt. Es sei mir erlaubt, über den allgemeinen Vorwitz, Minister zu richten, meine Gedanken zu äußern. Erwägt man es auch genug, was es sei, eine so verwickelte Einrichtung, als es jede Staatsverfassung ist, dieses weitläuftige Räderwerk mit einem Adlerblick durchzuschauen, gegeneinander würkende Kräfte zu einer Absicht zu lenken, in dem Gedränge wichtiger Geschäfte nie die Waage des Rechts, nie den Faden der Ordnung zu verlieren, gerecht ohne Härte, gütig ohne Schwachheit zu sein, ferne Stürme abzuwenden, neue Segensquellen zu öffnen, Königen zu raten, Länder zu beglücken?

Alles das wird von dem Staatsmanne gefordert. Aber die Kunst zu regieren ist nicht auf untrügliche Grundsätze gebaut; sie besteht aus einer Menge dunkler, verworrener Aufgaben, die bei jeder Veränderung der Zeit und der Umstände anders bestimmt, anders aufgelöset werden müssen. Selten läßt sich eine Würkung zuverlässig berechnen; zuweilen ist es bloß Gefühl des Genies, die besten Maßregeln zu wählen, oft nur ein Zufall, wenn sie gelingen. Die weisesten Entwürfe, wenn der Erfolg sie vereitelt, werden Torheiten ähnlich. Es gibt keine Handlung, auch des größten Ministers, die ein Gleichgültiger nicht zum Fehltritt, die ein Feind nicht zum Verbrechen deuten könnte; und wären wir auch über allgemeine Forderungen einig, so kennen wir doch, diesseits des Vorhangs, alle Hindernisse nicht, die den Staatsmann in seiner Tätigkeit fesseln. Wir wissen vielleicht, daß er von Verhältnissen abhängt; aber wir entdecken nicht alle Gelenke der Kette vom Hofe herab durch Departementer und Familien; uns sind mancherlei Kräfte des Widerstands verborgen, die alle nach verschiedenen Richtungen würken; wir kennen weder die Schwachheit der Freunde eines Staatsmanns noch den Grad des Einflusses seiner Neider. Ja selbst in der Nähe des Throns, mit allen diesen Geheimnissen vertraut, sind wir zum Urteilen nicht immer fähig oder unparteiisch genug. Erziehung, persönliche Verbindungen, Geschäfte und Schicksale des Lebens bilden unsere Art zu sehen und zu empfinden. Wir erheben unsere Vorurteile zu Maximen, und hiernach verdammen oder billigen wir. Noch ist ein Staatsmann glücklich zu preisen, der keinen Tadel schlimmerer Art als diesen erfährt. Aber es gibt in jedem Staat einen mißvergnügten Haufen, der weniger ehrwürdig ist, der jeden Schritt der Regierung mit einem dumpfen Getöse begleitet und sich nie einen Laut des Beifalls erlaubt. Es gibt furchtsame, kränkliche Seelen, denen alles landverderblich vorkömmt, was von der Weise ihrer Väter abweicht. Andere zürnen, daß man ihren Rat nicht begehrt, daß man ihre Talente nicht auffordert; sie wollen durchaus im Gedränge bemerkt sein, wär es auch nur durch ihre Klagen.

Endlich so herrscht zwischen dem Minister und dem Höfling selten ein gutes Vernehmen, weil der Mann, der sich fühlt, dem Geschöpfe der Gunst nicht huldigt, das sich zwar um ein Band zu seinen Füßen windet, aber schnell, auf den neuen Puppenstaat stolz, sich über seinen engen Ideenkreis aufbläht und Geschäfte, die ihm ganz unverständlich sein müssen, mit einer abenteuerlichen Dreistigkeit meistert.

So verächtlich auch manche dieser Urteile sind, so sammlen sie sich doch nach und nach zum Gewimmer, das durch die ganze Nation widerhallt und den Pöbel im Palast und in der Hütte übertäubt, und nur die klagende Stimme, nur das Seufzen der Unzufriedenen wird gehört; denn der Glückliche schweigt und glaubt den Erfolg seiner Wünsche seinem eigenen Verdienste schuldig zu sein, und die größere Zahl ist ein leichtsinniger Haufe, der sich ohne Gründe zum Lob und ohne Gründe zum Tadel bestimmt. Darum hat so selten ein verdienstvoller Mann bei seinem Leben des Dankes genossen, der seiner Tugend gebührte; darum wurden Colbert und Sully gehaßt, mitten unter der Arbeit ihrer ewigen Taten. Auch Bernstorff entrann diesem Schicksal nicht immer. Ich behaupte seine Unfehlbarkeit nicht, aber man sollte große Männer mit mehr Bescheidenheit richten, deren Einsicht und Tugend unsere Ehrfurcht verdient und deren Irrtümer außer unserm Augkreise liegen.

Unter den Vorwürfen, welche man Bernstorff gemacht hat, ist jedoch einer, der eine nähere Betrachtung verdient; denn auch Redliche haben ihn oft wiederholt, und er schallt noch zuweilen um sein Grab. Er hat nämlich, wie man behauptet, alle Arten der angenehmen Emsigkeit, alle Künste des Geschmacks und des verfeinerten Lebens, über das Vermögen des Landes, ermuntert; er hat in Dänemark die Üppigkeit eingeführt, sie begünstiget und ausgebreitet.

Die Beschuldigung hat unter dem nordlichen Himmel immer ein patriotisches Ansehen. Die Natur fesselt Menschen und Sitten an das innere Vermögen ihrer Erde, und diese hat dem dänischen Volke nicht Gold, sondern Eisen verliehn. Ihre Väter entbehrten die Erfindung unserer Zeit, die Wollüste südlicher Sklaven; dahingegen waren sie tapfer und stark. Ihre Kleidung und Speise war die Beute ihrer Jagd, und sie segelten unter Stürmen immer neuen Siegen entgegen.

Aber die Welt ist der Welt unserer Väter nicht mehr ähnlich. Damals war kriegerische Tugend das einzige Verdienst der Nationen. Die nordliche Halbkugel war von keiner Wissenschaft erleuchtet, und gegen einzele große Taten, die darum heller glänzten, weil sie im Finstern erschienen, war die Erde mit Lastern und Verwüstung bedeckt; ein Zustand, der unsern Neid nicht verdient.

War indessen noch jetzt ein Land von allen andern durch unwegsame Grenzen abgesondert, hätten seine Bewohner nie die Lüste fremder Völker gekostet und nie mit neuen Kenntnissen auch neue Begierden erworben: so hätte freilich kein Luxus der erleuchteten oder verdorbenen Völker ihre Hütten erreicht, und die Frage mag den Witz eines Sophisten beschäftigen, ob ein solches Volk nicht glücklicher als ein gesittetes sei.

Aber sobald der Sophist vergleicht und empfindet, so söhnt er sich wieder mit der allgemeinen Vernunft aus. Ihm grauet alsdann vor dem Ideal seiner Welt, das noch in mancher Insel des Südmeers übrig ist, wo Geschöpfe, wie Menschen gestaltet, keine andere als tierische Bedürfnisse fühlen und, wenn diese befriedigt sind, nicht aus ihrer Felsenkluft kriechen. Alle Kräfte des gesellschaftlichen Lebens haben sich schon lange vereinigt, um ein so dürftiges Glück von der veredelten Erde zu treiben. Die Neugier, das Verlangen nach Reichtum und Ruhm, die Wissenschaften und der Handel haben unter fernen Nationen einen vertraulichen Umgang gestiftet und Erfindungen, Bequemlichkeiten, Neigungen und Sitten in einen allgemeinen Umlauf gesetzt. Ein Volk unterrichtet das andere und zündet seinen Wetteifer an; einigen verleiht die Natur ohne Mühe, was andern ihr Fleiß nur sparsam gewährt; alle streben nach dem Grade der Glückseligkeit, den die Vorsicht nur wenigen zugeteilt hat.

So bildet sich endlich, langsamer oder schneller, der Geist aller Völker; der Strom rauscht unaufhaltsam daher und droht nicht immer mit Verwüstung, sondern kündigt Fruchtbarkeit an, wenn ihn nur ein kluger Staatsmann in die rechten Kanäle zu leiten versteht, wenn er die Neigung zum Vergnügen, diese Urkraft alles menschlichen Bestrebens, zur Triebfeder eines nützlichen Fleißes anwendet, wenn er ein ermuntertes Volk dahin leitet, daß es sich aus den Fesseln fremder Tätigkeit reißt und selbst seines Glückes Schöpfer wird.

Der Luxus, der dadurch veranlasset oder genährt wird, ist kein Übel, sondern die höchste Gesundheit des Staats, dessen Nerven ihre äußerste Federkraft üben. Alsdann stockt der Nahrungssaft nirgends, keine Materie bleibt unnütz, weder Kinder noch Greise sind müßig, der Geschmack reift, der Verstand klärt sich auf, die Künste veredeln die Natur, die Wissenschaften mildern die Sitten, die Menschlichkeit und der Duldungsgeist gehn aus den Zimmern der Weltweisen hervor und nähern sich dem Thron, das Land wird verschönert, die Einwohner erleuchtet.

Freilich droht auch mitten im Wohlstand ein künftig Verderben: je mehr ein Volk seine Begierden und ihre Befriedigung verfeinert, je mehr es im Frevel des Witzes und im Kennergeschmack sinnlicher Freuden zunimmt, je mehr verliert es an Würde der Sitten, an Stärke der Seelen, und je schneller eilt es dem Untergange zu; aber man kämpft umsonst gegen das Schicksal aller Staaten, welche die Vorsehung, wie die ganze Natur, durch ähnliche Perioden, von der Blüte zur Reife, von dieser zum Verwelken und Abfallen führt und endlich, zur Nahrung einer neuen Entwickelung, im allgemeinen Chaos begräbt.

Nur frägt man; ob wir nicht berechtiget sind, von der Weisheit der Regierung Mittel zu erwarten, um eine so traurige Epoke zu entfernen, und ob es in ihrer Macht nicht steht, der Üppigkeit Grenzen zu setzen, wenn sie auch ihrem Einbruch nicht wehren kann. Allerdings. Damit aber keine nützliche Verfeinerung, kein zulässiger Genuß aus kleinmütiger Furcht ungewisser schädlicher Folgen zugleich mit verdrängt werde, kommt es vorläufig auf die schwere Bestimmung an, was schädlicher Luxus sei. Ein Begriff, der in verschiedenen Zeiten und Staaten nicht ein Menschenalter durch der nämliche bleibt. Unsre Väter fanden eine Pracht unter Fürsten gefährlich, die nun ohne Nachteil des Staats zum Bürger herabgesunken ist. Ein Einwohner von London und Paris findet in keiner nordischen Hauptstadt ein üppiges Leben, auch ist es ungewiß, welchen Grad des Wohllebens sich endlich selbst ein von der Natur wenig begünstigtes Volk erlauben darf, wenn alle seine Kräfte zweckmäßig arbeiten.

Ein Staatsmann verfehlt zuverlässig den Endzweck, wenn er allzu streng gegen einzele Beispiele der Üppigkeit eifert, deren Würkung im ganzen vielleicht unmerklich ist; aber das Buch der Nation mit allen handelnden Völkern muß offen vor ihm liegen, er muß ihr Vermögen gegen den Reichtum andrer zu berechnen, er muß richtig zu beurteilen verstehn, was ihr, unter verschiedenen Zeiten und Umständen, vergönnt werden kann und was ihr versagt bleiben muß.[2]

Und so hat auch Bernstorff Gesetze gegen ein so gefürchtetes Übel veranlaßt. Man hat fremde Waren und Erfindungen der Üppigkeit entweder ganz untersagt oder doch mit hohen Abgaben beschwert und dadurch der Verschwendung des Staats im allgemeinen gesteuert; aber der eifrige Patriot ist damit noch nicht zufrieden. Er fordert Prachtgesetze; er verlangt nichts Geringers, als über die Sitten zu herrschen; die Kleidung, die Wohnung, die Lebensart des Volks soll durch Verordnungen eingerichtet werden.

---

2 Wiewohl auch diese Künstelei vielleicht nur als Wehrmittel notwendig ist, solange die Handlungs-, Polizei- und Staatsökonomie der reichsten Nationen ausschließenden neidischen Grundsätzen folgt und sich gegen das Eindringen fremder Tätigkeit durch eine Menge verwickelter Gesetze verschanzt, so müssen andere nachahmen, um nicht allzu abhängig zu werden. Es dürfte wohl nicht schlimmer in der Welt aussehn, wenn mehr allgemeine Freiheit im Handel herrschte, denn alsdann würden nur Fleiß und Geschick den Vorzug bestimmen.

Wenn eine solche Enthaltsamkeit kleinen Republiken heilsam ist, die nur durch eine strenge Sparsamkeit dauern, so folgt ein größerer Staat billig andern Grundsätzen, und eine ganze Nation kann nicht wie ein Haufen Mönche behandelt werden, oder man meidet ein Land, wo so mancher Genuß unerlaubt ist, den keine Tugend mißbilligt, und wo auch ein unschuldig Vergnügen den Eigensinn der Gesetze fürchten muß.

Gegen alle Verordnungen dieser Art hat sich immer Bernstorff erklärt. Auf dem mühseligen Pfad dieses Lebens sind wir schon unter so viel erkünstelte Pflichten gebeugt, daß ein solcher Zwang unerträglich werden würde. Wo ist noch ein Schatten von Freiheit, wenn auch in unsern Hütten und bei unserm häuslichen Mahl ein Strafgesetz droht, wenn auch da die Sklavenfessel klirrt?

Dafür gab er, wie sein König, ein Beispiel, das mächtiger auf die Sitten des Volks als Vorschriften würkt. Friedrich der Fünfte lebte an seinem Hofe nicht prächtig, und Bernstorff hat durch seinen Wandel gezeigt, daß sich die Neigung zum angenehmen Leben auch mit der reinsten Tugend vertrage. Er hat den Luxus befördert, insofern er Dänemark glücklich machte; doch war es nicht Endzweck, sondern Folge, die von einem größern Wohlstand und einer geläuterten Empfindung des Schönen unmöglich getrennt werden kann.

Auch ein Patriot und ein Weiser darf wünschen, daß ein solcher Luxus noch mehr zunehmen möge; denn bis jetzt ist er allein in die Mauern der Hauptstadt eingeschränkt, wo Ehrgeiz, Rangsucht und Begierde zu glänzen zu einer Prachtliebe reizen, die selten würklichen Reichtum anzeigt.

Nur um innerlichen allgemeinen Wohlstand durch eine größere Tätigkeit auszubreiten, setzte Bernstorff alle Kräfte der Nation in Bewegung. Darum hat er verjährten Vorurteilen getrotzt und dem Dank seiner Zeitgenossen entsagt; darum rief er Fremde nach Dänemark und belohnte ihre Talente mit Großmut. Wer diese Handlungsart tadelt, überlegt nicht, daß eine allzufrühe Selbstgenügsamkeit, wie der Aberglaube, an die Mittelmäßigkeit fesselt, daß es einerlei ist, ob man die Künste des Ketzers verabscheut oder die Erfindungen des Fremden verachtet, daß ein kluges Volk Weisheit holt, wo man sie findet, und sich nicht schämt zu lernen, wenn es den Mut fühlt, seine Lehrer zu erreichen.[3]

Ich kann einräumen, daß Bernstorff sich oft in manchem seiner Entwürfe in der Ausführung irrte, daß ihn zuweilen Betrüger hintergingen, weil er gern an die Redlichkeit glaubte, daß er, voll von dem Gedanken eines nützlichen Anschlags, Besorgnissen weniger als Hoffnungen nachhing und nicht immer Schwierigkeiten strenge genug erwog, daß er, um ein gutes Werk mit Nachdruck zu befördern, oft freigebiger als sparsam mit den Mitteln des Staats war. Ich gebe zu, daß ihm der levantische Handel, die Afrikanische Compagnie[4] und manche Fabriken mißglückten; aber der Wert allgemeiner Anstalten wird nicht durch das Schicksal einzeler Versuche, sondern durch ihre Würkung im ganzen entschieden. Es kömmt nicht darauf an, ob sie sämtlich gelingen, sondern ob ihr Endzweck die Wohlfahrt des Staats war, ob sie mit den Fähigkeiten der Nation übereinstimmten, ob die Tätigkeit derselben in dem Gleise ermuntert wurde, den ihr die Natur vorgezeichnet hat. Das nur ist die Frage des Weisen, und hierüber allein muß sich Bernstorff verantworten.

Bei Unternehmungen, die erst in Jahrhunderten reifen, darf man nicht gleich Früchte begehren, nicht gleich Einkünfte fordern. Erst die Nachwelt wiegt mißlungene Versuche gegen die Folgen der glücklichen ab, und wer für die Ewigkeit arbeitet, kann nicht mit seinen Zeitgenossen rechnen.

Für die nordischen Völker sind Gewerbe zur See ein Beruf der Natur, denn sie sind von Jugend auf mit ihren Gefahren vertraut; darum begünstigte Bernstorff jeden wahrscheinlichen Entwurf, um die Schiffahrt auszubreiten; darum hat er den Handel in allen Gegenden der Erde versucht, der die Schiffahrt nährt und belohnt. Er erlebte die Freude, daß Dänemark seine Geschäfte immer mehr unmittelbar trieb und sich aus der Gewalt eigennütziger Unterhändler riß. Es hörte zu seiner Zeit auf, den Hanseestädten zinsbar zu sein; es holt nun seine Bedürfnisse selbst aus allen Häfen der

---

[3] Darum sind auch in der Indigenatsverordnung Lehrer und Künstler ausgenommen, und der König hat sich, bei wichtigen Fällen, noch andere Ausnahmen vorbehalten.

[4] Die er nur fortgesetzt, nicht eingerichtet hat.

Welt, und Norwegen führt seinen Überfluß auf eignen Schiffen fremden Käufern zu. Auch die Frachtschiffahrt nahm unter seiner Verwaltung durch seine Aufmunterung zu. Die dänischen Seefahrer hatten sich im letztern Kriege das Vertrauen aller Völker erworben. Sie unterhielten, unter dem Schutz der Neutralität, die zerrissenen Bande der Menschlichkeit und brachten dem Vaterlande jährlich nicht viel weniger als eine Million fremden Geldes und zur See geübte Landeskinder zurück. Diese Schiffahrt würde belohnender sein, wenn sie ohne die Freundschaft der Barbaren möglich wäre, die schon zu lange eine ruhmlose Handlungseifersucht gegen die vernünftige Rache aller, Völker geschützt hat.

Kein Zweig des Fleißes hat sich schneller in dieser Zeit ausgebreitet als der westindische Handel. Die dänischen Inseln dieses Weltteils schmachteten unter der auszehrenden Gewalt einer Compagnie, die gemeiniglich ihre Kolonien wie eroberte Länder behandelt und sich mit keiner Ernte begnügt, sondern Beute verlangt. Der Zuckerbau ging langsam vonstatten, und der größte Teil dieser freigebigen Erde lag unbevölkert und öde, als Friedrich der Fünfte sich zur königlichen Handlung ohne Beispiel entschloß, der Gesellschaft ihr ausschließendes Recht abzukaufen und seinen Untertanen die Freiheit dieses Handels zu verleihn. Nun erwachten die verschloßnen Kräfte der Natur; die Freiheit goß ein neues Leben in die Geschäftigkeit der Kolonisten und der Kaufleute des mütterlichen Landes. Der Anbau und die Ausfuhr nahmen verhältnismäßig zu. Von vier mit Zucker beladenen Schiffen, die man jährlich in Dänemark einlaufen sah, ist die Anzahl bis auf fünfzig gestiegen; anstatt daß sonst kaum die Hauptstadt versorgt war, versieht sie nun schon mit ihrem Überfluß manche Handelsstädte des Baltischen Meers.

Auf Manufakturen wandte Bernstorff zwar eine unermüdete Aufmerksamkeit, aber mit abwechselndem Glücke; denn es ist ein undankbares Unternehmen, gegen den Ruf geübter Fabriken zu kämpfen, oder es müssen sie mächtige Revolutionen aus einem Lande in das andre drängen. England und Deutschland sind ihre besten Fabriken den französischen und spanischen Verfolgungen schuldig. Ein glücklicher und geachteter Künstler verläßt sein Vaterland nicht, und dürftige Überläufer verdienen selten, daß sie ein ander Land aufnimmt oder Auslagen mit ihnen auf ein ungewisses Spiel setzt.

Wenn nun auch die erste Materie mangelt, wenn das Land weder Meister noch Werkzeuge liefert und sich der ganze Gewinst auf Arbeitslohn einschränkt, alsdann ist der Endzweck nicht wichtig genug, und die Natur scheint dem Lande diese Gattung des Fleißes untersagt zu haben.

Dennoch hat Bernstorff einige dieser Hindernisse glücklich überwunden. Manche Manufakturen haben sich, an innerm Wert und äußerer Schönheit, den fremden genähert; wenigstens ist ein Same ausgestreut, der zu künftigem Segen reifen kann.

Alle Fabriken wären, glaubt man, besser gelungen, hätte man sie nicht in der Hauptstadt angelegt, wo die Bedürfnisse des Lebens allzu teuer sind; aber man sollte sich aus der Geschichte belehren, daß Manufakturen, sobald sie Geschmack und Schönheit erfordern, immer in großen Städten entstanden sind. Da nur ist Wetteifer, Lob des Kenners und Belohnung der Reichen. Wenn nun gar die Regierung die Kosten allein trägt, wenn sie den Fabrikanten durch Preise, durch ausschließende Rechte und Vorschüsse begünstigt: so muß es unter ihren Augen geschehn. In einem mit Wasser umflossenen Lande, dessen Küsten nicht alle bewacht werden können, ist es leicht, fremde Arbeit einzubringen, sie für Produkte einer inländischen Manufaktur auszugeben und derselben unverdiente Befreiungen und Preise zuzueignen, noch leichter, im unbeobachteten Müßiggang den Vorschuß des Staats zu verschwenden. Anders verhält es sich freilich mit Manufakturen, die sich von selbst in einem unfruchtbaren, aber stark bevölkerten Lande bilden; alsdann wird die Armut die Mutter eines erfinderischen Fleißes, der besser als die weisesten Anstalten gelingt und sich selten von seinem Geburtsort entfernt. Aber der Ackerbau, die Fischerei und die Schiffahrt können noch keine Hände in Dänemark entbehren. Jedes Volk wendet sich in der Ordnung der Dinge nur dann erst zur künstlichen Industrie, wenn die Natur ihre Wohltaten weigert. Solange es noch seine Nahrung der Erde und dem Meer abgewinnt, läßt es sich nicht an den Webstuhl fesseln, sondern zieht einen mit Freiheit und Gesundheit verbundenen Beruf einer kränklichen und einförmigen Lebensart vor.

Die Künste fanden in Bernstorff einen Beschützer, die Wissenschaften einen Kenner und Belohner; sie wandeln immer Hand in

Hand und veredlen den Genuß und das Glück unsers Lebens. Er verband, um ihren Flor zu befördern, seine Bemühung mit dem Eifer des Staatsmanns, den sein König wie einen Freund geliebt hat und der[5] (die Mißgunst leugnet es nicht) seine Macht nur um wohlzutun übte. Der Einigkeit dieser beiden Minister hat die Nation den schnellen Fortgang ihres Geschmacks zu verdanken. Die Akademie der Künste, eine Einrichtung zur Ausbreitung der natürlichen Geschichte und die botanischen Anstalten wurden gestiftet. Saly und Chardin wurden königlich belohnt, sie, die, ganz von dem Geiste des Altertums genährt, auch in der schönsten Zeit von Italien geglänzt haben würden. Ihr Unterricht hat würdige Schüler gebildet, und ihre Werke lehren die Nachkommenschaft.

Klopstock und Cramer und von Berger, der Arzt, oder nenn ich ihn lieber mit einem mir viel teurem Namen Berger, der Freund aller leidenden Menschen, wurden sämtlich durch Bernstorff gerufen, von ihm geliebt und durch seinen König belohnt. Niebuhr ward durch seinen Schutz aufgemuntert, den Verlust seiner unglücklichen Reisegefährten durch sein bescheidenes Werk zu ersetzen. Auch wichtige Unternehmungen auswärtiger Gelehrten hat Bernstorff unterstützt; denn die Sache der Wissenschaften ist ein allgemeines Geschäfte der Menschlichkeit. Er unterhielt mit den berühmtesten einen beständigen Briefwechsel und schritt mit den Kenntnissen seines Zeitalters fort. Unter dem Gedränge seiner täglichen Pflichten gewann er Zeit, um wichtige Werke mit der Aufmerksamkeit eines Kunstrichters zu lesen. So hat er Klopstocks »Hermann«, noch eh er gedruckt ward, geprüft und Schlegels »Geschichte der Könige des oldenburgischen Hauses« im Manuskript mit eigenhändigen Anmerkungen begleitet.

Auch der Lieblingsgedanke unsers Jahrhunderts, die Verbesserung der Schulen, war eine Angelegenheit seines Herzens; aber dies ist nicht die Arbeit nur *einer* Regierung, nicht *eines* Jahrhunderts, und es scheint nicht, daß ein völliger Umsturz vorhandener Verfassungen das Geschäft erleichtert. Jede Verbesserung der gesellschaftlichen Ordnung schreitet nicht durch Sprünge, sondern stufenweise fort und kämpft lange mit den Vorurteilen und den Umständen der Zeit. Durch Statuten wird etwas, aber wenig gefördert, denn wer

---

[5] Der Graf von Moltke.

kann Weisheit und Tugend verordnen? Es ist nicht genug, Lehrer zu erleuchten, auch die Eltern müßten erst mehr aufgeklärt sein, damit nicht der häusliche Eindruck die Würkung des Schulunterrichts schwäche, damit nicht eine Kraft die andere zerstöre. Bernstorff tat wenigstens einzele Schritte und bereitete größere Entwürfe vor, deren Ausführung einer künftigen Welt vorbehalten bleibt.

Noch war er mit einem Geschäfte beladen, das selten der Mächtige wählt und das ihm gewiß der Neid nicht mißgönnte, ich meine die Aufsicht über die Versorgung der Armen. Ihre Seufzer dringen nicht in die Paläste der Großen, oder diese wenden ihr beleidigtes Ohr weg. In Hospitälern, die oft mehr der Ehrgeiz als das Mitleiden stiftet, wohnt ein glänzendes Elend, stolze Aufseher schwelgen, und die eingesetzten Erben verschmachten. Aber das Hospital, welches Friedrich stiftete und Bernstorff und Berger eingerichtet haben, befriedigt die Wünsche des Menschenfreunds; Kranke werden daselbst mit einer so wohlgeleiteten Sorgfalt verpflegt, daß Begüterte von allen Ständen die Wartung dieses Hauses der Pflege ihrer eigenen Familie vorziehn. Hiermit ist eine Anstalt zur unentgeltlichen Geburtshülfe verbunden, welche die Fehltritte der Menschlichkeit verbirgt und dem Staat manchen tüchtigen Bürger erhält. Auch das Erziehungshaus in Christianshaven, das dem Unterricht dürftiger Knaben in bürgerlichen Kenntnissen gewidmet ist, war in König Friedrichs Regierung eingerichtet, und Christian der Siebente hat alle diese wohltätigen Anstalten durch das Allgemeine Hospital unter Bernstorffs Verwaltung vermehrt.

Ich könnte nächst nach den königlichen Wohltaten Bernstorffs eigne Freigebigkeit rühmen; denn er teilte mehr als seinen Überfluß aus; aber ich will die Geheimnisse der Menschenliebe nicht verraten, die er sorgfältig dem Auge der Welt und nicht selten dem geretteten Elenden verbarg. Es ist auch kein Beispiel, das zur Nachahme reizt, wenn ich anführte, daß ein Viertel seiner Amtseinkünfte das Erbteil der Dürftigen war. Ihre Tränen flossen, als er Dänemark verließ, ihre vielvermögende Tränen vor Gott.

Die bürgerliche Verfassung der deutschen Provinzen war insbesondere Bernstorffs Aufsicht anvertraut, und daselbst wird noch lange sein Angedenken blühn; alle Stände segnen seine Verwaltung, die Kirche verdankt ihm Ansehen und Schutz, die Gerichte weise Gesetze, die Untertanen ein zufriednes Leben.

Er verlangte, daß die herrschende Religion in ihrer Reinigkeit gelehrt werden sollte, weil Vernünftelei und Polemik den großen Haufen nicht bessert; aber darum war er keinen Zweiflern gehässig, nicht gegen ihre Verdienste unempfindlich. Es fiel seinem Herzen nicht schwer, Orthodoxen und Irrende zu ehren, den erleuchteten Cramer zu lieben und den redlichen Basedow zu schätzen, die aufrichtigen Anhänger aller Religionen als seine Brüder zu ertragen.

Bei Besetzung geistlicher Ämter zog er immer den Mann von unsträflichem Wandel, der durch sein Beispiel zur Nachahmung reizt, dem größern Gelehrten vor, und von den Gerichten forderte er Recht, wie solches der Menschenfreund austeilt, der niemals vergißt, daß sein Amt nicht die Geißel, sondern der Trost unsers Lebens sein sollte, und der, wenn er straft, mit den Tränen des Verurteilten die seinigen mischt. Jeder Spruch in bürgerlichen Fällen war ihm heilig. Er verschloß zwar keiner Bitte den Zugang zum Thron, und oft drang sich eine unbescheidene durch, vielleicht ward auch zuweilen seine Einsicht getäuscht; aber immer blieb es sein unveränderlicher Grundsatz, daß ein Minister kein Gesetzerklärer sein müsse. Was ein Kollegium redlicher Männer gemeinschaftlich durchgeforscht hat, wird selten ein einzeler Mann, auch mit vorzüglichen Gaben, aber durch größere Geschäfte zerstreut, geduldiger, gründlicher prüfen, billiger und gerechter entscheiden; und sobald man Urteile durch Machtsprüche ändert, so sind Freiheit und Eigentum, die ersten Rechte des Bürgers, dem Einfluß der Gewalt oder der Gunst unterworfen.

In Bernstorffs Zeit ist eine Menge heilsamer Verordnungen erschienen. Einige setzen dem verwüstenden Gang der Schikane engere Schranken, ohne daß jedoch diese Hyder des Unglücks, die in allen ihren abgehauenen Enden wieder auflebt, ganz gebändigt werden konnte; andere haben die gerichtlichen Eide vermindert und sie dadurch ehrwürdiger gemacht; eine hat dem mannigfaltigen Betrug der Gewinnsucht im Handel gesteuert und mit scharfsinniger Billigkeit in beiden Königreichen einerlei Maß und Gewicht eingeführt; eine andere, unter dem Namen der Hebammenordnung, hat gefährliche Mißbräuche ausgerottet und das Verfahren der Wehmütter der Aufsicht vernünftiger Ärzte unterworfen.

Die Heerstraßen in Seeland, welche denen in Frankreich und England nicht an Pracht und Bequemlichkeit weichen, und die Postanstalten in Holstein ist man nicht weniger Bernstorffs Vorschlägen schuldig. Jeder Gedanke, nützlich zu sein, war seinem Herzen willkommen. Ich sondre aus der Menge seiner weisen Anstalten nur diejenigen aus, die durch ihren Einfluß auf die Verfassung des Staats auch der Folgezeit merkwürdig bleiben. An den meisten Verfügungen in den deutschen Provinzen hat der Konferenzrat Carstens, ein aufgeklärter Menschenfreund, teil, dessen Tugend die Belohnung verdient, in Bernstorffs Geschichte zu glänzen.

Bernstorff wurde in allen Fächern seiner Arbeit durch würdige Gehülfen unterstützt. Er sah mit kaltem Blick über den Haufen der Gnadenbettler weg, die in den Vorzimmern der Mächtigen kriechen, und suchte ihn auf im Gedränge und drang tief in den Mann, den er zum Dienst des Staats fähig glaubte, und es gelang ihm, ein aufkeimendes Genie, noch eh es glänzte, zu entdecken. Auch unter guten Ministern schmachtet mancher würdige Mann ungebraucht, bloß weil er mißfällt, andre dringen ihrem Fürsten eine elende Schar ihrer Günstlinge auf, die dem Fluch der Nation Trotz bieten und die Ernte der Tugend verzehren; Bernstorff war über diese Launen erhaben. Redlichkeit und Wissenschaft fesselten immer, aber auch allein, seine Gunst; Verdienst entwickelte sich schnell unter seiner Aufsicht; sein Beispiel reizte zur Nachfolge, seine Weisheit leitete sie. Aber er teilte mit seinen Untergebenen freigebiger den Ruhm als die Arbeit und ließ sich mit sanfter Würde herab. Immer blieb er der größere Mann, aber niemand fühlte sich an seiner Seite erniedrigt. Er verstand es, Aufträge in Geschäften in die Sprache des Umgangs, Verweise in einen freundschaftlichen Rat und verdienten Tadel in Zweifel zu kleiden. Wenn er Fleiß und Treue geprüft hatte, so vergaß er menschliche Fehler, ohne sie neugierig hervorzuziehn, ohne den Irrenden zu beschämen; denn ein würklich großer Mann ist immer zur allgemeinen Nachsicht gestimmt.

Der Adel war ihm ein ehrenvoller Stand, der den Thron eines Monarchen verherrlicht. Er vermutete gern erbliche Tugend bei den Nachkommen berühmter Vorfahren, und er gab ihnen früh Gelegenheit, um die Ansprüche ihrer Geburt zu erfüllen; aber er verlangte Proben eines feurigen Eifers, des großen Namens würdig zu sein, der, wenn er die Verdienste des Enkels umstrahlt, gewiß auch kein schwächeres Licht über seine Fehler verbreitet. Noch ehrwürdiger schien ihm der Mann, der durch rühmliche Taten der erste eines dunkeln Geschlechts war, der allein, ohne Reize der Geburt und des Beispiels, die hohe Bahn der Tugend ging, der, nach unbekannten Vorfahren, großen Nachkommen die Laufbahn zur Unsterblichkeit öffnete.

Es war Wollust, unter Bernstorff zu dienen. Alle Pflichten wurden zu Empfindungen, und er vergalt Verdienste, wie er selbst belohnt zu sein wünschte, wie er es war, durch Vertrauen und Zärtlichkeit, nicht durch eine gemißbrauchte Gnade des Königs. Reichtum ist der Günstlinge Lohn, aber Achtung und Nachkommendank gebührt der Tugend allein. Wer ihn liebte, dachte edel genug, den langsamen Weg des Verdienstes ohne Murren zu wandeln und dem Beispiel zu folgen, welches sein eigner Neffe gegeben hat.

Er, der Freund seines Herzens, der ihm in allen seinen Ämtern, so wie in jeder Tugend, gefolgt ist, stieg nur durch Arbeit zur Würde und hat im Staat keine Stelle bekleidet, die ihm Patrioten mißgönnten oder wozu ihn nicht Fleiß und Talente berechtigt hätten.

So dachte, so handelte Bernstorff. Dänemark hat seine Grundsätze geprüft; die Welt hat ihn handeln sehn. Ich darf mich auf die Stimme des Redlichen berufen, ein großer Name umstrahlt den Wandel des Mannes, ein ganzes Volk wird zu Angebern und Richtern. Bernstorff darf ihr Urteil nicht scheuen, er, der nicht sein öffentliches Leben allein, sondern jeden einsamen Augenblick desselben dem Auge Gottes ohne Furcht unterwarf, denn die Religion hatte seine Tugend veredelt, sie hat ihn durch die glänzende Gefahren der Macht, und auch die Stufen herab, freundschaftlich geleitet, sie hat ihm Demut im Glück und Mut im Unglück verliehn.

Sie allein hat ihn zum Patrioten gemacht, der den seltnen Namen alsdann nur verdient, wenn er Neigungen, Leidenschaften, alle Wünsche seines Herzens dem größern Wohl aufopfert, wenn er sich vergißt und nur immer lebhaft das Verhältnis denkt, in welches er eingeschaltet ist, wenn er unerschrocken in den Abgrund blickt, an welchen ihn die Vorsehung stellt, und gelassen ins Gewitter, das über seinem Haupte droht.

Darum zitterte Bernstorff in keinen Gefahren, darum ermüdeten ihn weder Undank noch Kaltsinn, darum war er zufrieden, wenn das Gute geschah, und gönnte andern den Ruhm und die Belohnung, darum vergaß er Beleidigungen und rächte sie nie, und nur die Feinde des Staats waren die seinigen, darum gewann er es über die Menschlichkeit, auch seine Verfolger zu belohnen, ihre Verdienste ums Vaterland zu ehren und ihre Talente dem König zu empfehlen. Noch leben die Männer, und wenn sie auch Bernstorff nicht liebten, so sind sie doch redlich genug, um die Wahrheit dieses Zeugnisses einzugestehn.

Ich folge nun Bernstorff in die Stille des häuslichen Lebens, wo ein Mensch den andern nur durch inneren Wert, nur durch eigne Tugend übertrifft, wo kein Glanz der Würde mehr blendet, wiewohl auch diese nur einen Augenblick täuscht, denn ein Staatsmann kann auf seinem hohen Standort seine Sitten, seine Schwachheiten nicht lange verbergen. Bernstorffs Tugend war strenge und auf unveränderliche Grundsätze gebaut, aber nicht in den stoischen Ernst gehüllt, der alles Vergnügen wegscheucht, sondern sie vertrug sich mit den Freuden des gesellschaftlichen Lebens. Man vermutet zwar die Gabe zu gefallen bei dem Mann der großen Welt; er lebt immer unter Menschen, deren Meinung ihm nicht gleichgültig sein kann, und ist geübt, auf die kleinsten Ansprüche der Gesellschaft, auf die Forderungen jeden Augenblicks zu merken; es ist auch selten ohne dies Talent ein Minister groß und mächtig geworden, aber es erhält sich nicht lange, wenn er ein Arbeiter ist und den Staatsangelegenheiten selbst vorsteht; sein Geist wird zu sehr an wichtige Gegenstände geheftet, als daß er sich zu den kleinen Aufmerksamkeiten des Umgangs herablassen sollte. Daher rührt der feierliche Ernst, die finstre, eingewickelte Miene, die man keinem Minister verzeiht und die allerdings eine billigere Nachsicht verdient. Auch Bernstorff gefiel nicht beim ersten Anblick, denn sein Auge war umwölkt, und es saß Tiefsinn auf seiner Stirne, aber sowie man ihm nähertrat, drang die Seele mächtig in jeden Zug seines Angesichts, heiße Menschenliebe glühte im Auge, und heitere Leutseligkeit verjüngte den Zug seines Mundes; man hielt ihn bald für einen gütigen Mann, und er hatte kaum zu reden angefangen, für einen großen glänzenden Mann. Seine Beredsamkeit floß wie ein sanfter Strom und bahnte sich Wege durch Felsen; er nahm ein, überredete, überwältigte, je nachdem es ihm gefiel; der Ausdruck schmiegte sich dem Endzweck, das Wort der Sache fest an; sein Gegenstand war mit Wahrheit umstrahlt und ging hervor und stand da, mit den Farben der Natur geschmückt. Er sprach auszeichnend vortrefflich über Regierungsgeschäfte, über Revolutionen in der Geschichte der Menschheit, über künftige wichtige Folgen kaum hervorkeimender Ursachen, über Erwartungen im System der Politik; dann malte er Staaten und Menschen nach dem Leben und aus der Geschichte mit leichten, aber treffenden Umrissen, deren Ähnlichkeit auffiel, ordnete Massen und verteilte Licht und Schatten mit schöpferischen Zügen einer Meisterhand. Beispiele der Tugend begeisterten ihn, jede vortreffliche Tat, jede Gesinnung der Wohltätigkeit, der Vaterlandsliebe traf in seinem Herzen auf eine verschwisterte Saite, die deutlich im wärmern Ausdruck hervorklang; sein Blick und seine Sprache glühten, und er hob uns mit zu hohen Empfindungen empor.

Ein Mann, der mit blendenden Gaben auch noch Macht und Einflüsse vereinigt, herrscht gewöhnlich allein in dem schweigenden untertänigen Haufen; alles hört und bewundert, niemand wagt einen Laut, und das Gleichgewicht der Unterhaltung hört mit allen ihren Annehmlichkeiten auf. Aber Bernstorff demütigte nicht durch die Vorzüge seines Verstandes; er lud zum Widerspruch durch Leutseligkeit ein und wußte seinen Gegenstand immer nach dem Geistesvermögen der Gesellschaft zu wählen. Er verstand es, eine Frage zu tun, die man wünschte, eine Antwort zu finden, die befriedigen mußte. Er hatte für jeden ein Wort, einen Blick, ein Zeichen der Achtung in Bereitschaft, das auch dem Furchtsamen Mut gab. Jeder fand einen Anlaß, sein Talent zu entwickeln, jeder seinen Raum, wo er mit Vorteil erschien. Hierin allein besteht die wahre Höflichkeit, welche, wenn sie nicht im Charakter liegt, den Großen so selten gelingt, weil immer das Bewußtsein der Gnade durchscheint, mit welcher sie großmütig ihrer Würde entsagen, und sobald nur der Geringere seinen Abstand einen Augenblick zu vergessen scheint oder irgendeiner Lieblingstorheit nahetritt, so hüllt sich der große Mann zum Schrecken des Verwegnen schnell wieder in seinen Purpurmantel ein.

Bernstorff war sogar seiner Temperamentsneigungen Meister. Er war mit einer aufwallenden Wärme geboren; und weil seinem Scharfsinn das Lächerliche nicht entrann, so drängte sich oft die Satire bis an seine Lippen und leuchtete noch aus seinem Blick, aber er blieb seines Ausdrucks mächtig, der nie das Gepräge des Spottes trug und immer zur Freundlichkeit gestimmt war.

So betrug sich Bernstorff unter seinen Untergebenen und in der allgemeinen Gesellschaft. Ich unternehme es nicht, ihn unter seinen Freunden zu schildern, wenn seine ganze Seele sich ergoß und alle Zärtlichkeit seines Gefühls auch in ihre Herzen strömte; denn wer ist fähig, sie nachzuempfinden?

Sonst meidet die Freundschaft die Paläste der Großen; ihre Stelle vertritt eine niedrige Dienstfertigkeit, eine heuchlerische verstellte Liebe, die, sobald die Gnade des Fürsten wankt, oft ohne irgendeine andre Veranlassung zum offenbaren Haß wird. Der Anhang mancher Minister ist ein Haufen um Lohn gedungener Knechte, und unter Gebietern und Sklaven gibt es keine Vereinigung der Seelen. Aber Bernstorff hatte sich Freunde erworben, die seines Herzens würdiger waren; sie schätzten, unabhängig von der Würde, den Mann, der nicht verehrt, der geliebt sein wollte und der ihre Freundschaft mit einer Zärtlichkeit vergalt, die in der verfeinerten Welt nicht gekannt wird.

Ihr wenigen Edlen, eilet mit mir über ein allzutrauriges Angedenken weg, oder überlaßt euch vielmehr ohne Zwang eurem Schmerzen.

Bernstorff war ganz zum Vergnügen des Umgangs geschaffen; er zog, mehr aus Pflicht als aus Neigung, ein einsames Leben allen seinen Reizungen vor, aber sein Tag reichte kaum zu der Arbeit hin, welche unaufhörlich auf ihn zudrang: die ersten Stunden desselben waren der Religion, und zwar nicht ihrer Übung allein, sondern auch ihrer Untersuchung, gewidmet; er las die größten Theologen aller Zeiten; er verglich ihre Lehren mit den heiligen Quellen, untersuchte und prüfte ihre Glaubwürdigkeit und waffnete sich gegen ernsthafte Zweifel. Es ist wahr, er las die Spöttereien nicht, die, wenn man ihren Nachbetern glaubt, unser Jahrhundert so aufgeklärt haben und die man, wiewohl nicht im Ernst, die Stimme des andern Teils nennt. Sie mögen der Torheiten des Alters und den

Wünschen der Jugend schmeicheln, aber sie kommen der kalten Vernunft des Rechtschaffnen verächtlich vor. Wer nicht Einfälle, sondern Gründe sucht, wer überzeugt, belehrt, nicht belustigt sein will, bebt vor dem Frevel zurück, die Regierung Gottes nach Schmähschriften zu beurteilen.

So, durch hohe Betrachtungen aufgeheitert, ging Bernstorff mit Freuden an die Geschäfte seines Berufs, las alle Bittschriften selbst und hielt ein eignes Tagbuch darüber; selten entfiel ihm ein wichtiger Umstand, zumal, wenn er zum Vorteil der Bittenden gereichte; selbst in gerichtlichen Angelegenheiten nicht, die, gekleidet in ihre veraltete Tracht, dem Mann von Geschmack zuwider sind. Auch der Geringste seufzte nicht nach Bescheid; Hülfsbedürftige aus allen Ständen wurden oft durch eigenhändige Schreiben erfreut; alle wurden getröstet, wenn sie auch nicht alle erhört werden konnten.

In den auswärtigen Geschäften überließ er wenig der Arbeit seiner Untergebenen. Er entwarf die wichtigsten Aufsätze, las alle Berichte der Abgesandten selbst und verlangte keine Auszüge, die zwar die Mühe des Lesens erleichtern, aber auch den Sinn der Berichte entstellen. Er schrieb aus der Fülle seines Geistes und Herzens; Gedanken und Ausdruck strömten ihm zu. Er verstand es, in einem gefälligen Ton durchdringend an den Verstand zu reden, überwiegend einzunehmen, alle Gegenstände so zu ordnen, daß sie sich untereinander gemeinschaftlich hoben und daß kein triftiger Umstand in Schatten zurückwich. Er wußte die Aufmerksamkeit bei verwickelten Sachen durch ein immer steigendes Interesse zu fesseln, immer den einzigen Ausdruck zu finden, der keine fremde Deutung zuließ, die in seinen Geschäften nicht gleichgültig war. Sein Stil war edel, ohne rednerischen Schmuck, leicht und fließend, ohne Trockenheit; er überredete und rührte, weil er mit aller Würde seiner eignen Tugend die Gesinnungen wohltätiger Könige vortrug; denn immer bleiben Gerechtigkeit und Wahrheit die einzigen Quellen aller Überzeugung, und kein Sophist hat mit allem Schimmer des Witzes je im eigentlichen Verstand eine schlechte Sache vortrefflich verteidigt. Es ist schade, daß seine Arbeit unter die Geheimnisse der Politik gehört, daß sie der Bewunderung der Kenner entzogen bleiben muß. Seine Instruktionen an Gesandte seines Königs sind Meisterstücke der Staatskunst und des Vortrags. Der Minister befand sich gleich mitten in dem Hof, an dem er zu leben bestimmt war; das Verhältnis dieses Hofes mit Dänemark, sein Gewicht auf andre Staaten, der Charakter der Nation, das System der Regierung war unterrichtend und deutlich entfaltet, Minister, Günstlinge, Häupter mächtiger Parteien waren geschildert, ihr Vermögen im Handeln war berechnet. In den Ausdrücken, mit welchen Bernstorff die Wünsche des Königs empfahl, waren die Mittel, sie zu erreichen, enthalten, alle Einwürfe waren entkräftet, Gründe mit Übergewicht bewaffnet, jeder Schritt war so behutsam vorgezeichnet, daß auch ein Neuling in der Staatskunst, mit einer solchen Karte versehen, sich kühn in das Labyrinth der Politik wagen durfte, und aus dieser Schule kamen vortreffliche Männer, zum Dienste des Vaterlandes gebildet, zurück.

Bernstorff verstand die meisten Sprachen von Europa, aber vorzüglich war er der französischen mächtig. Sie ist die Sprache der großen Welt und verbindet durch den Briefwechsel und den Umgang fast alle gesittete Völker, insbesondere gehört sie der Staatskunst zu, die, wie alle Wissenschaften, ihre Kunstsprache und ihre Eigenheit hat; nur hat der neue Geschmack sie allzusehr mit Putz überladen und dadurch ihren Nachdruck entkräftet; man ringt nach Witz, wo man kalte Vernunft fordert; man mißbraucht hohe Metaphern zu gemeinen Gedanken und scheuet sich nicht, die Geschäfte ganzer Völker in Epigrammen und Antithesen zu verhandeln. Dies war nicht der Stil des berühmten Jahrhunderts, in welchem Bernstorff seine Muster aufgesucht hatte. Man las seine Aufsätze noch mit Vergnügen nach der Arbeit eines Lionne, eines Torcy, eines Estrades. Lionne war sein Muster, ohnstreitig der größte Schriftsteller in Geschäften; aber Bernstorff übertraf ihn durch Würde des Inhalts. Er rührte durch die Mäßigung, durch die Gerechtigkeit seines Königs, anstatt daß jener die Eitelkeit des seinigen, zuweilen gar seine Rache veredeln mußte.

Im Deutschen war Bernstorff minder geübt, ob er gleich mit Empfindung unsere beste Schriftsteller las. Als er anfing, in der Welt zu erscheinen, war der deutsche Geschmack noch in seiner Kindheit; die Schreibart beschäftigter Leute war mehr oder weniger eine Art des Aktenstils, der entweder im frostigen Einklang ertönte oder sich in verschränkten Perioden verwirrte, wo der Sinn im Gedränge müßiger Worte verschwand. Er hatte in Regensburg gelebt und konnte den Ton dieser Schule nicht verleugnen; aber, weil ein Genie immer jede Sprache nach seinen Absichten beugt, so drückte er auch im Deutschen große und edle Gedanken, vielleicht nicht zierlich, aber mit einem eignen Nachdruck und mit einer fremden, aber kräftigen Wendung aus. Mitten unter seiner Arbeit las er vortreffliche Bücher; sie wurden behutsam, wie seine Freunde, gewählt, und es war ein Vorurteil für den Wert eines Buchs, wenn man es in seiner Sammlung antraf.

Ein so beschäftigter Mann findet seine Wollust in dem Genuß jeder freien ruhigen Stunde; sie ist ihm zu kostbar, als daß er sie in dem sinnlosen Getümmel der Welt verschwenden sollte. Bernstorff überließ sich alsdann den stillen Freuden des häuslichen Glücks, das sich täglich erneuert, das dem Weisen allein noch Vergnügen gewährt, wenn ihn jeder Triumph der Macht und des Ansehns, jeder Aufzug der Höfe kaltläßt. Er war der freundschaftlichste, gefälligste Ehemann. Seine Gemahlin blieb immer die Vertraute seines Herzens; er kehrte freudig aus jeder Gesellschaft in ihre Arme zurück; jedes Wort, das an sie gerichtet war, jeder Blick, der dem ihrigen begegnete, trug das Gepräge seiner Zärtlichkeit.

Die letzte Stunde des Abends war die angenehmste seines Tages. Diese brachte er unter seiner Familie, mit seinen Hausgenossen und einigen Gelehrten in Unterredungen zu. Klopstock, der Sänger Gottes und Freund und Liebling der Menschen, der rechtschaffene, geistvolle Cramer, der reine Lehre und unsträflichen Wandel mit Witz und Munterkeit und ausgebreiteten Kenntnissen vereinigt, gehörten mit zu diesem glücklichen Zirkel. Wir hingen alsdann an Bernstorffs Mund und labten uns mit sokratischer Weisheit. Hier entfaltete sich sein Herz und sein Geist; der Schleier der Würde fiel nieder, und die erhabne Seele glänzte in ihrer eigentümlichen Schönheit; wir verließen ihn nie, ohne wärmer für die Tugend zu empfinden, ohne unterrichtet oder gebessert zu sein.

Wenn die schöne Zeit des Jahrs herannahte, so entfloh auch Bernstorff aus dem Geräusche der Stadt in die sanftern Szenen der Natur. König Friedrich hatte ihm ein Landgut geschenkt, das, als der Ruhplatz eines großen Mannes, unserer Zeit und der Nachwelt ehrwürdig bleibt.

Auf einem Hügel, der auf einer weit ausgebreiteten Fläche sich langsam erhebt, ist ein geschmackvolles, mehr bequemes als prächtiges Wohnhaus erbaut. Jenseits der Fläche begrenzt die Stadt den Horizont, nah genug, um in ihrer ganzen Schönheit zu glänzen, und entfernt genug, um die ländliche Ruhe nicht zu stören. Die Stadt dehnt ihr Gewühl durch den Hafen in das angrenzende Meer aus; hier verändert die Schiffahrt jeden Augenblick die reiche mannigfaltige Szene, und das stille ferne Getümmel entzückt. An dem Hafen vorbei verliert sich der Blick auf der See oder ruht zuweilen unter einer sich sammlenden Flotte oder auf den Küsten von Schonen aus.

Jung gepflanzte Alleen führen von dem Wohnhaus in die regellosen Gänge eines reizenden Waldes, der einen Garten verbirgt und schützt, auf welchen die Sonne nicht weniger gütig als auf ein südliches Land blickt. Er ist das Muster der Gärten von Dänemark und bringt die besten Früchte der wärmern Provinzen von Europa in ihrer Vollkommenheit hervor. Bernstorff hat ihn gepflanzt und gewartet; er hat in demselben die angenehmsten Stunden seines Lebens zugebracht; sein Geist blühte auf, und sein Herz erweiterte sich, wenn er die freiere Luft dieses Lustplatzes atmen konnte. Er hatte es gelernt, die Stufenfolge der Wohltaten Gottes in der Natur aufzusuchen, einen heitern Tag mit Entzücken zu grüßen, der Entwicklung der Pflanzen nachzuspüren, die Ankunft der Blüte zu belauschen und über die schwellende Frucht zu frohlocken, alle die mannigfaltigen Freuden zu empfinden, die ein unverdorbnes Gefühl mit keinen andern vertauscht.

Damit auch kein Segen dieser auserwählten Erde fehlen möge, versammlete Bernstorff glückliche Menschen um sich her. Er gab seinen Gutsuntertanen ihr Geburtsrecht, Freiheit und Eigentum wieder; er munterte sie durch großmütige Beihülfe auf, ihre Güter zu teilen und auf der Mitte ihres Landes zu wohnen.

Schnell deckten sich Heiden mit fröhlichen Saaten; neue Pflanzungen stiegen hervor; anstatt dürftiger Hütten in elenden Dörfern wurde die Gegend mit angenehmen Wohnungen geschmückt, in welchen glückliche Väter ihren Kindern den Namen ihres Wohltäters lehrten. Sie wollen ihm, dem Freund der Menschen, mitten in der verschönerten Gegend ein Denkmal errichten, das dem künftigen Wanderer gewiß edlere Empfindungen als Trophäen einflößt, einen prachtlosen, aber ehrwürdigen Stein, auf welchen die Träne ihrer Dankbarkeit floß.

In dieser Wohnung des Friedens fühlte Bernstorff sich glücklich; sein Gedächtnis rief ihm tugendhafte Taten und überzeugende Beispiele der göttlichen Vorsehung zurück; keine Handlung seines Lebens war durch eine kränkende Reue verbittert; sein Fleiß war mit Gedeihen gesegnet; er war von den Redlichen im Staat, von den Würdigsten aller Nationen verehrt, von seiner Familie, von seinen Freunden, von seinen Untergebenen geliebt, und auf seiner gefahrvollen langen Laufbahn hatten ihn wenig Unglücksfälle betroffen. Er näherte sich mit muntern Kräften dem Alter und durfte sich schmeicheln, noch manche Früchte seiner Arbeit zu genießen, noch lange dem Staate nützlich zu sein.

Am Abend des Lebens wird selten ein Mann, der in großen Verhältnissen eingeflochten war, die vergangene Zeit wieder durchzuleben wünschen, ohne Epoken, ohne Vorfälle auszunehmen, deren Angedenken ihn quält; aber Bernstorff hat es oft mit freudigem Danke gegen die Vorsicht wiederholt: er nähme jeden verflossenen Tag aus den Händen der Allmacht ohne Bedingung zurück, ginge er nicht einer herrlichen Zukunft entgegen.

Jedoch auch seiner wartete der Sterblichen Los, die, wenn sie auch keine Strafgerichte fürchten, doch selten der Prüfung entgehn, die ihr Vertrauen auf Gott bestätigen und den Ruhm ihres Lebens durch den schwersten Triumph, durch ihre Geduld im Leiden, krönen soll. Langsam zog sich ein Ungewitter auf. Unbedeutend in seinem Anfang, schien es auch dem scharfsichtigsten Auge nicht furchtbar; aber es verbreitete sich schnell und deckte Dänemark mit einer schreckenvollen Nacht. – Oh, ruhte sie ewig auf der Geschichte dieser Zeit!

Bernstorff hatte schon lange die Absicht seiner Feinde entdeckt, ihn durch wiederholte Angriffe zu reizen und zu irgendeinem Schritt zu verleiten, der sie von dem Mann, den sie haßten, befreiete. Endlich konnte er sich nicht mehr verbergen, daß es ihnen gelung, ihm das Vertrauen seines Monarchen zu entziehn. Aber sollte er ruhig sein Schicksal erwarten oder dem Sturm, der ihm drohte, entfliehn? Das war die große bedenkliche Frage, die entschieden werden mußte und die in seiner bittern Verfassung nicht so leicht zu beantworten war.

Ein Staatsmann, der zu mißfallen anfängt, wandelt immer an Abgründen hin und tut keinen gleichgültigen Schritt mehr. Ist er gelassen, so ist es ein Stolz, der gedemütigt zu werden verdient; verbirgt er seine Unruhe und seine Empfindlichkeit nicht, so ist es Bewußtsein der Schuld; entschließt er sich, sein Amt niederzulegen, so wartet vielleicht eine Kränkung auf ihn, wozu nur der Anlaß gefehlt hat; und harrt er zu lange, reizt er die Ungeduld seiner Verfolger, so ist es ungewiß, zu welchem heftigen Ausbruch ihr Unwillen endlich verleitet werden mag. Wenn alle Zugänge des Throns von Ratgebern umringt sind, die ihre gemeinschaftliche Sicherheit vereinigt, so ist kein Fürst der Erde mächtig genug, den Eingebungen der Wahrheit, die zurückgescheucht wird, oder den Empfindungen seines unaufhörlich bestürmten Herzens zu folgen.

Johann Hartwig Ernst von Bernstorff

Alles das erwog Bernstorff mit heiterer Überlegung und entschloß sich dennoch, nicht zu fliehn, den Posten nicht feig zu verlassen, auf welchem er als ein auserwähltes Werkzeug der Vorsehung stand, keinen Augenblick, der in seiner Macht war, zu verlie-

ren, wo er dem Staat oder auch nur einem Gliede desselben durch seine Arbeit nützlich sein konnte.

Der Schlag kam seiner Erwartung zuvor. Ich war der einzige Zeuge dieses prüfenden Augenblicks. Sein Betragen dabei muß auf ewig seinen Charakter entscheiden; denn in einer solchen Stunde ist der größte Mann in den Händen der Natur.

Er hatte sich eben zur Arbeit niedergesetzt, als er das Schreiben des Königs empfing, welches ihn den Staatsgeschäften entzog. Er las es mit ernsthafter Stille und stund mit einem Blick des Schmerzens auf. »Ich bin meines Amts entsetzt«, sprach er mit einem gesetzten bescheidenen Ton und fügte mit gen Himmel erhabenen Augen hinzu: »Allmächtiger, segne dies Land und den König!«

So stand Bernstorff an den Ruinen seines Ruhms; so gelassen sah er in einer Minute das Gebäude seines ganzen Lebens umstürzen; Hoffnungen, große Entwürfe zu vollenden, Aussichten in ein ehrenvolles ruhiges Alter, alle Freuden des vergangenen Lebens waren dahin wie ein Traum, und die Folgezeit breitete sich finster vor ihm aus; dennoch stand er unerschüttert. Entweder war Bernstorff ein großer oder ein unempfindlicher Mann. Wer hat ihn je unempfindlich gekannt?

Johann Friedrich Struensee

Es war seinen Feinden geglückt, die Grundsätze seiner Verwaltung zu schelten; aber dennoch haben sie nie in dem Herzen des

Königs, selbst nicht in ihrem Gewissen, die Achtung vertilgt, welche das wahre Verdienst auch unter Verfolgungen fordert.

Der Brief, der ihn seines Amtes entsetzte, enthielt Beweise einer erkenntlichen Erinnerung seiner geleisteten Dienste, und Bernstorffs Asche ist versöhnt: der König hat sein Gedächtnis verherrlicht, er hat seine Familie durch rührende Beweise seines erneuerten Wohlwollens erfreut.

Bernstorff brachte nur einige Tage nach seiner Entlassung in Dänemark zu, und er wandte sie wie Sokrates an, um seine Freunde zu trösten. Ihm entfiel keine Klage, nicht ein empfindliches Wort. Er beschuldigte niemand, er verteidigte sich nicht, sondern ging, wie Scipio, aus der Versammlung seiner Ankläger und dankte, statt aller Verantwortung, Gott für alle Dienste, die er dem Staat geleistet hatte.

Bernstorff hatte kaum wenige Monate in Hamburg durchlebt, als es schon von seiner Wahl abhing, einem schmeichelhaften Ruf auf einen größern Schauplatz zu folgen. Er empfand das Unangenehme seiner Verfassung, nicht weil er aufgehört hatte, mächtig zu sein, sondern weil er nicht mehr nützlich sein konnte, weil er gewohnt war, sich mit dem Wohl ganzer Reiche zu beschäftigen, und die Bürde eines müßigen Lebens fühlte; auch war der Haß seiner Feinde so wenig befriedigt, daß ihn neue Kränkungen selbst in seiner ehrwürdigen Ruhe verfolgten. Warum sollte Bernstorff unter diesen Leiden dem Reiz widerstehn, an einem Throne zu glänzen, der alle Arten des Verdienstes an sich zieht und in der scharfsinnigen Großmut, Verdienste zu belohnen, alle Beispiele der Geschichte übertrifft?[6] Aber alle Güter der Welt wogen keinen seiner Grundsätze auf. Er hatte sich einmal Dänemark in einer allzuwichtigen Sphäre gewidmet; sobald ihn dieses Land nicht länger ertrug, so war für ihn auf der ganzen Erde kein andres Vaterland mehr. Er verehrte die Tugend fremder Monarchen, aber sein Herz blieb nur

---

[6] Wer erkennt nicht Rußland, dessen Monarchin über ihr Volk jeden Segen der Weisheit, des Ruhms und der Menschlichkeit ausgießt. Keine Regierung in der Geschichte der Welt ist, wie die ihrige, zu gleicher Zeit durch Siege und Wohltätigkeit, durch Wissenschaften, Künste, Schöpfung des Handels und Gesetzgebung verherrlicht. Ist es nicht eine Erscheinung, die den Philosophen verwirrt, die Habeas-Corpus-Akte in Twer, und in Paris noch Lettres de cachet?

einem König ergeben; da dieser seine Dienste nicht mehr begehrte, so begnügte sich Bernstorff, ihm den Segen des Himmels in seinem einsamen Gebet zu erflehn.

In einer Zeit, wo alles Vertrauen aufhörte und wo auch rechtschaffne Diener, bloß darum, weil sie die Verfolgung schonte, für Mitschuldige angesehn wurden, blieb Bernstorff seinen alten Freunden unveränderlich treu. Freilich war es Sicherheit, zu fliehn, und vielleicht verwerflicher Stolz eines reinen Gewissens, am Abgrund zu zaudern; aber sehnsuchtsvolle Wünsche im stillen wurden nicht gehört und nicht erfüllt, und ehrenvolle Verhältnisse haben manchen unter vergeblichem Leiden ans nahe Verderben gefesselt.

Bernstorff glaubte länger an die Tugend, die er geprüft und gewürdigt hatte, und blieb verleumdeten unglücklichen Männern bis an seinen Tod gewogen. Er erlebte die Verherrlichung noch, für seine Feinde in ihrem Elend zu beten, aber er starb zu früh, um des Triumphs zu genießen, den ihm das wiederkehrende Vertrauen des Königs und die Stimme aller Patrioten versprach. Er erlag unter den Kämpfen des Geistes, mehr durch Arbeit und Gram als durch Krankheit und Jahre erschöpft. Seine Unpäßlichkeit verkündigte keine Gefahr; sein Ende war schnell, wie es nur der Fromme wünschen darf; seine Gemahlin empfand die Schrecken dieses sanften Todes allein. Er hatte sich eben zur Ruhe niedergelegt, als sie tönte, die Posaune des Engels, der ihn an den Thron der Vergeltungen rief, als, nach wenigen Seufzern der unterliegenden Natur, diese große Seele unsre Erde verließ.

Alle Arten des Ruhms haben sein Leben verherrlicht. Er war glücklich am Ruder des Staats und von allen Redlichen geliebt und, von aller Macht entblößt, noch verehrt.

*

Dem Leser dieser Schrift ist es nicht gleichgültig, zu wissen, ob der Erzähler unterrichtet sein konnte. Ich habe in Dänemark viele Jahre als königlicher Gesandtschaftsrat und Sekretär im Departement der ausländischen Sachen unterm Grafen von Bernstorff gearbeitet und immer in seinem Hause gelebt, wenn ich also nur aufmerksam war, so war die Gelegenheit zur Beobachtung günstig. Eine ausführliche Geschichte wäre lehrreicher gewesen, aber ein Vernünftiger fodert sie nicht.

Klopstock

Ich habe »Tellows Briefe an Elisa« mit innigem Vergnügen gelesen. Mögen sie doch für den größten Haufen manch Unwichtiges enthalten; mich interessiert jede Miene des Mannes, den ich mit warmer Zärtlichkeit liebe; alles erneuert mir den Genuß besserer, vergangener Zeiten.

Als ich im Hause des unsterblichen Bernstorffs mit ihm lebte, mein Herz mit ihm teilte, über alle Wünsche glücklich war unter den besten, edelsten Menschen – heiterer Morgen einer trüberen Zukunft! – Meine Bekanntschaft mit Klopstock bildete sich schnell, und in sieben unvergeßlichen Jahren sind, außer einer achtmonatlichen Reise, wenige Tage verflossen, worin wir uns nicht sahen. Nie hat in dieser Zeit ein Wölkchen Laune unsre Freundschaft umdämmert; denn auch als Freund ist Klopstock »Eiche, die dem Orkane steht«. Gegenwärtig, ferne von ihnen oder im täuschenden Schatten, er verkennet seine Freunde nie. Hat er einmal geprüft und geliebt, so währt's ewig, laß auf sein Urteil Wahrscheinlichkeiten und künstlich erlogene Tatsachen stürmen.

Ich will, lieber Boie, auch aus meinem Gedächtnis einzele Züge für die wenigen sammeln, denen das Bild eines würdigen Mannes Geisteswollust gewährt. Alles ist mir ganz gegenwärtig; denn ich empfinde, lebe, genieße immer noch in der vergangenen Zeit.

Klopstock ist heiter in jeder Gesellschaft, fließet über von treffendem Scherz, bildet oft einen kleinen Gedanken mit allem Reichtum seiner Dichtergaben aus, spottet nie bitter, streitet bescheiden und verträgt auch Widerspruch gern; aber ein Hofmann, lieber Tellow, ist er darum nicht, wenn ich auch nur einen Gefälligen unter dem Worte verstehe, der sich geschwind bei Höhern einschmeichelt. Seine Geradheit hält ihn vielmehr von der Bekanntschaft mit Vornehmern zurück, nicht daß er Geburt und Würde nicht schätzte, aber er schätzt den Menschen noch mehr. Er forscht tiefer nach innerem Gehalt, sobald ihn Erziehung und Glanz blenden können, und er fürchtet als eine Beschimpfung die kalte, beschützende Herablassung der Großen. Darum muß nach dem Verhältnisse des Rangs immer ein Vornehmerer einige Schritte mehr tun, wenn ihm um Klopstocks Achtung zu tun ist. Selten findet ihr ihn in der sogenannten guten Gesellschaft, im Zirkel abgeschliffener Leute, bei welchen, wie auf König Williams Schillingen, kaum ein Gepräg mehr kenntlich ist, die sich täglich ohne Liebe suchen, ohne Kummer verlassen, über alles gleiten und an nichts teilnehmen, ihre Zeit unter Spielen und Schmausen, wie eine Bürde, fortschleppen – sie sind auf der Leiter der Wesen nur einen Sproß höher als Puppen im Uhrwerk, die, auf ihrer Walze befestigt, sich ewig in der nämlichen Schwunglinie drehen. Dafür zog Klopstock lieber mit ganzen Familien seiner Freunde aufs Land; Weiber und Männer, Kinder und Diener, alle folgten und freuten sich mit. Wir suchten dann unwegsame Örter, finstre, schauervolle Gebüsche, einsame, unbewanderte Pfade, kletterten jeden Hügel hinauf, späheten jedes Naturgesicht aus, lagerten uns endlich unter einer schattigen Eiche und ergötzten uns an den Spielen der Jugend, ja nicht selten mischten wir uns drein. Oft zeigte Klopstock einen fernen Baum. »Dorthin!« rief er, »aber geradezu.« –»Wir werden auf Morast und Gräben treffen.« – »Ei Bedächtlicher! so bauen wir Brücken.« Und so wurden Äste gehauen; wir rückten, mit Faschinen beladen, als Belagerer fort, sicherten den Weg und erreichten das Ziel. Klopstock ist immer mit Jugend umringt. Wenn er so mit einer Reihe Knaben daherzog, hab ich ihn oft den Mann von Hameln genannt. Aber auch dies ist Gefallen an der unverdorbenen Natur. Deutschland verdankt seiner Jugendliebe einige seiner bessern Menschen; unsre Stolberge und Karl Cramern hat seine Zärtlichkeit früh gebildet.

Klopstocks Leben ist ein beständiger Genuß. Er überläßt sich allen Gefühlen und schwelgt bei dem Mahle der Natur. Nur wenn sie aus dem Kunstwerk atmet, ist die Kunst seiner Huldigung wert; aber sie muß wählen, was Herzen erschüttert oder Herzen sanft bewegt. Gemälde ohne Leben und Weben, ohne tiefen Sinn und sprechenden Ausdruck, eure Mieris, Netscher und Slingelande fesseln seine Beobachtung nicht; aber zeigt ihm Bouchardons »Tiresias«, wie er die Schatten beschwört, Rembrandts »Lazarus«, wie er zum Leben erwacht, Rubens' »Sterbenden Christus«: dann hängt er trunken am Bilde. So auch Musik. Sie durchströmt ihn, wenn sie klagt wie die leidende Liebe, Wonne seufzet wie ihre Hoffnung, stolz dahertönt wie das Jauchzen der Freiheit, feierlich durch, die Siegespalmen hallt. Immer muß sie der Dichtkunst nur dienen, Windemens Stimme folgsam begleiten, nie das Lied verhüllen, sondern leicht umschweben, wie der Schleier eine griechische Tänzerin. O wie oft lauschten wir an unsers Gerstenbergs Klavier, wenn er den holden Wechselgesang mit seiner zärtlichen Gattin anstimmte!

Gerstenberg lebte damals in Lyngbye, nahe bei Bernstorff, und hatte durch eine Reduktion den größten Teil seiner Einkünfte verloren, aber in seiner Hütte wohnten heitre Ruhe der Tugend und alle Freuden der Liebe,

> »– licet sub paupere tecto
> Reges et regum vita praecurrere amicos«.

Hier sang er seinen unsterblichen Skalden, manches holde catullische Lied und erfand die goldenen Träume des guten leidenden Gaddo. Von ihm konnten die Hippiasse lernen, daß die Blume der Freude nicht auf ihren Parterren allein blüht, daß sie auch für die Sterne und für die Gerstenberge auf einer Sandwüste keimt. Wir eilten zum einsamen Haus und verließen Paläste, wie man durch Le Nôtrés Gärten nach dem kunstlosen Hain eilt.

Die freudigste Zeit des Jahrs für Klopstock war, »wenn der Nachthauch glänzt auf dem stehenden Strom«. Gleich nach der Erfindung der Schiffahrt verdient ihm die Kunst Tialfs ihre Stelle.

> »Wer nannte dir den kühneren Mann,
> Der zuerst am Maste Segel erhub?
> Ach! verging selber der Ruhm dessen nicht,
> Welcher dem Fuß Flügel erfand?«

Eislauf predigt er mit der Salbung eines Heidenbekehrers, und nicht ohne Wunder zu wirken; denn auch mich, lieber Boie, der ich nicht zum Schweben gebaut bin, hat er aufs Eis argumentiert. Kaum daß der Reif sichtbar wird, so ist es Pflicht, der Zeit zu genießen und eine Bahn oder ein Bähnlein aufzuspüren. Ihm waren um Kopenhagen alle kleine Wassersammlungen bekannt, und er liebte sie nach der Ordnung, wie sie später oder früher zufroren. Auf die Verächter der Eisbahn sieht er mit hohem Stolze herab:

> »Säumst du noch immer an der Waldung auf dem
> Herd und schläfst

Scheinbar denkend ein? Wecket dich der silberne Reif
Des Dezembers, o du Zärtling, nicht auf?«

Eine Mondnacht auf dem Eise ist ihm eine Festnacht der Götter:

»Nur *ein* Gesetz: wir verlassen nicht eh den Strom,
Bis der Mond am Himmel sinkt!«

Wenn ich das Gesetz durch Glossen verdrehte oder es brach, so
ward meine Sünde durch ein Hohngelächter gerügt. In dem Eislauf
entdeckte sein Scharfsinn alle Geheimnisse der Schönheit, Schlan-
genlinien, gefälliger als Hogarths, Schwebungen, wie des pythi-
schen Apolls; schöner als der Liebesgöttin Locken wehet ihm Bragas
goldenes Haar. Die Holländer schätzt er gleich nach den Deutschen,
weil sie ihre Tyrannen verjagten und – die besten Eisläufer sind.
Einst traf ich ihn bei einer Karte in tiefem Nachsinnen an; erzog
Linien, maß und teilte. – »Wird es wohl gar ein Partagetraktat oder
ein System eines bessern Staatsgleichgewichts?« – »Sehen Sie«, rief
er, »man vereinigt Meere; wenn man diese Flüsse verbände, hier
einen Kanal zöge, dort noch einen, das wäre doch unsrer Fürsten
noch würdig, denn so hätte man Deutschland durch eine herrliche
Eisbahn vereinigt.« Er hat Gesetze für den Eislauf gegeben, mit
einem solonischen Ernst. Über alles, auch über seinen Scherz, weiß
er Würde zu verbreiten. Ich verwahre zwei Briefe von ihm, für eine
Dame geschrieben, die mich zum Kampf herausfoderte – auf ein
Paar hölzerne Degen, hochtrotzend nbsp;–, wie Longin für die
Zenobia schrieb. Andere Briefe besitze ich wenig von diesem lieben
sophistischen Nichtschreiber. Ich ließe gern seine Scheingründe
gelten, wäre nur ein andres Mittel bekannt, seiner abwesenden
Freunde zu genießen. Aber die Not ist erfinderisch. Viele seiner
Freunde werden ihm nun vierteljährig ihre Briefe durch einen Notar
einhändigen lassen, der dann jedes Wort von ihm auffängt und ein
Instrument drüber verfertigt. Wollen Sie mir auch Ihre Vollmacht
einschicken?

In seiner schweren Geistesarbeit wird Klopstock durch keinen
Einbruch, keine Überraschung gestört. Ich hab ihn, als er »Her-
manns Schlacht« und manche seiner Oden dichtete, zu allen Stunden des Tags und der Nacht überfallen. Nie ward er mürrisch; ja es

schien, als wenn er sich gern durch eine leichtere Unterhaltung erholte.

Klopstock ist dunkel. Tellow hat ihn gründlich verteidigt. Grabt in der Mine, so findet ihr Gold; oder wenn euch das zu mühsam wird, so lest Übersetzungen von Junker oder Colliers »Kubachiade«. Freilich feilt er so emsig die Sprache, schneidet so streng den Überfluß weg, wägt so empfindlich dem Vers und dem Inhalt Tonlaut, Zeitmaß und Wortlaut zu, schöpft so anhänglich aus der Gegenwart Eindruck, daß es so gemächlich nicht angeht, alle Nuancen seiner Darstellung zu haschen. Oft schreibt er nur das letzte Glied einer langen Gedankenreihe hin, und man muß mit seines Geistes Sitte vertraut sein, wenn man ihm sicher zurückfolgen will. Wer mit ihm gelebt hat, versteht ihn leichter, weil er mehr als einen Faden hält, der ihn durch seine Schöpfungen führt; und darum ist es nützlich und gut, daß jetzt schon Tellow seine Oden kommentiert.

Von Klopstocks poetischer Ordnung, von seinem Gouffre, der Schriften verschlingt und wieder auswirft – »disiecta membra poetae« nbsp;–, ließe sich noch manches erzählen; aber Ehre, dem Ehre gebührt: ich habe Klopstocks Papiere einst in lauter goldenen Umschlägen gekannt, zierlich auf seinem Schreibtisch geordnet, wie die Briefe eines Stutzers; und das nenne ich die goldene Zeit seines Archivs. Sie währte ganzer acht Tage lang; und wer die Epoche zu erneuern Lust hat, darf ihm nur seine Gedichte in Goldpapier zuschicken.

Eins ist mir leid – daß Tellow der unreinlichen Kaste gewisser Rezensenten erwähnt. Ich finde nirgends, daß man den Virgil gegen namenlose Schwätzer verteidigt hat. Wenn irgendein Bube Montesquieus Namen an den Pranger gekreidet hätte, würde darum der Mann und sein Werk weniger ehrwürdig bleiben? Es ist freilich lächerlich, wenn die Nation einen Schriftsteller gerichtet hat, daß sich ein Quidam hinsetzt und erzählt, wie es der besagte Autor hätte einrichten müssen, um ihm, dem Kostgänger eines Buchladens, zu gefallen; aber doch ist es ein bitteres Brot. »Ich muß dergleichen tun«, sagte Fréron, »denn ich muß leben.« – »Je n'en vois pas la nécessité«, antwortete der Lieutenant de Police. Sooft man Zachariä ein Stammbuch überreichte, beugte er sich tief vor dem Besitzer: »denn es kann sich treffen«, sagte er, »daß ich vor meinem

Richter stehe«. Ich rede nicht von der Berliner »Bibliothek«; dieses Werk enthält Männerarbeit, wenn sich auch gleich ein seichtes Blättchen über Klopstock und andere mit einschlich. Rezension ist dort oft nur der Faden, worauf echte Perlen gereiht sind. Künftig etwas über Klopstocks Lieblingsideen: Brutus, Freiheit, Vaterlandsstolz, unsre Sprache. Ich denke darüber nicht mit ihm einig. Gleichheit der Grundsätze verbindet Freunde, aber Gleichheit der Meinungen nicht. Mannigfaltigkeit ist das Gesetz der Natur. Ich wiederhole, was ich irgendwo gesagt habe: es läßt sich streiten, ob wir in einer Welt ohne Zweifel und Irrtum glücklicher wären.

[Herder in Pyrmont]

Ich habe Herdern in Pyrmont predigen gehört, und ich wünschte, daß ihn alle gute Christen hörten, die ihn aufs Wort ihrer Stimmführer so rechtgläubig hassen. Unsere vornehme Versammlung war eben nicht zur Andachtsempfänglichkeit der ersten Kirche gestimmt, und doch – Sie hätten es sehen sollen, wie er all das Aufbrausen von Zerstreuung, Neugierde, Eitelkeit in wenig Augenblicken fesselte bis zur Stille einer Brüdergemeine. Alle Herzen öffneten sich; jedes Aug hing an ihm und freute sich ungewohnter Tränen; nur Seufzer der Empfindung rauschten durch die bewegte Versammlung. Mein lieber Boie, so predigt niemand, oder die Religion wäre allen, was sie eigentlich sein sollte, die vertrauteste, werteste Freundin der Menschen. Über das Evangelium des Tages ergoß er sich ganz ohne Schwärmerei mit der aufgeklärten hohen Einfalt, welche, um die Weisheit der Welt zu überfliegen, keiner Wortfiguren, keiner Künste der Schule bedarf. Da wurde nichts erklärt, weil alles faßlich war, nirgends an die theologische Metaphysik gerührt, die weder leben noch sterben, aber desto bündiger zanken lehrt. Es war keine Andachtsübung, kein in drei Treffen geteilter Angriff an die verstockten Sünder oder wie die Kurrentartikel aus der Kanzelmanufaktur alle heißen, auch war es keine kalte heidnische Sittenlehre, die nur den Sokrates in der Bibel aufsucht und also Christum und die Bibel entbehren kann; sondern er predigte den von dem Gott der Liebe verkündigten Glauben der Liebe, der vertragen, dulden, ausharren und hoffen lehrt und unabhängig von allen Freuden und Leiden der Welt durch eigentümliche Ruhe und Zufriedenheit belohnt. So, dünkt mich, haben die Schüler der Apostel gepredigt, welche nicht über ihre Dogmatik verhört wurden und also auch nicht mit Systems- und Kompendiumswörtern, wie Kinder mit Rechenpfenningen, spielten, wofür man am Ende nichts einkaufen kann. Sie wissen, wie ungleich ich mit dem Schriftsteller Herder denke: Wir gehn nur eine kleine Ecke Wegs miteinander, so entbraust er mir, glänzend und schnell wie eine Rakete; aber als Prediger und Mensch ist Herder mein Mann, und auch auf der kleinen Ecke Weges, die wir zusammen wandeln können, ist er einer meiner liebsten Gefährten. nbsp;...

Pitt

Pitt stand allein auf seiner hohen Stelle; die Flut der neuen Sitten-
verderbnis strömte tief unter ihm hin. Er hatte sich selbst gebildet
und sank nie zur Nachahmung auch der größten Männer herab. In
seiner Gestalt ist strenger Ernst, wie in den Formen der ältesten
Kunst, und auch die Härte derselben. Ihm ist kein Staatsmann aus
der Geschichte zu vergleichen. Er verachtet die Politik; ihre Ränke
waren ihm entbehrlich. Nie hat er gestrebt, recht zu behalten; nie
hat man ihn überredet oder bewogen: Er riß ein und baute, herrschte, überwältigte; Englands Größe war sein Ziel, und sein Ehrgeiz
Unsterblichkeit. Nie erhub sich in seinem Lande ein großer Mann
ohne Partei; er allein vernichtete alle Parteien. Alle Briten waren mit
ihm einig. Unter einem verkäuflichen Volk hat er nie eine Stimme
gekauft. Frankreich sank unter der Kraft seines Arms, der die
bourbonische Ligue zertrümmerte und Englands wogentürmende
Demokratie nach allen Richtungen seines Willens trieb. Er sah ins
Grenzenlose und maß das Schicksal von Jahrhunderten mit *einem*
Blick. Seine Anschläge wurden immer durch unerwartete Mittel
ausgeführt, die sich den Umständen anschmiegten, immer in die
eigene Minute trafen, wo sie gelingen mußten. Hindernisse und
Kräfte waren seinem Geiste auf einmal gegenwärtig, den gleichsam
eine Gabe der Weissagung stärkte.

Dieser Mann paßte nicht in seine Zeit, nicht unter die Pygmäen
seines Jahrhunderts. Furchtsam blickten sie an ihm hinauf; alle
Klassen der feilen Rotte zitterten bei dem bloßen Namen Pitt. Freilich besitzt er die Verdienste eines guten, freundlichen Mannes
nicht; diese sind nur für Menschen von minderer Größe. Unempfindlich gegen die sanfteren Freuden des häuslichen Glücks, sah er
unverwandt auf Britanniens Schicksal, trat unter seine Helden und
Gesetzgeber hin und entschied's.

Seine Beredsamkeit war leicht und helle und drückte die erha-
bensten Empfindungen durch gemeine Redensarten aus. Sie war
weder dem reißenden Strom des Demosthenes noch der verzehren-
den Flamme des Tullius ähnlich, sondern sie glich zuweilen dem
Donner, zuweilen der Musik der Sphären. Er verleitete, fesselte den
Verstand nicht durch mühsam verkettete Schlüsse wie Mansfield; er
war nie, wie Townshend, auf der Folter, um Witz und Talente zu

zeigen: sondern er umstrahlte den Gegenstand und traf sicher den Punkt durch den Blitz seines Geistes, den man, wie den Blitz seiner Augen, nur empfindet, nicht beschreibt. Er konnte nach Willkür umbilden, erschaffen, zerstören. Er hätte ein wildes Volk unter Ordnung und Gesetze vereinigt. Er verstand's, ein freies Volk wie Sklaven zu beherrschen, ein Reich zu gründen oder zu vernichten und einen Streich zu schlagen, der durch die Welt widerhallte.[7]

So war Pitt im letzten Krieg. Und wer konnte widerstehn, als er in der Toga stand und für die Kolonien gegen die Stempelakte sprach: »Eure Herrschaft über Amerika ist unumschränkt, wenn es auf Regierung, auf Gesetzgebung ankömmt, aber ihr seid nicht befugt, Steuern von den Kolonisten zu fordern. Sie haben mit uns gleichen Anspruch auf die Rechte der Menschheit, auf die Rechte von England; sie sind keine Hurenkinder, sondern eure Söhne. In unserm Vaterland ist das Recht, Steuern aufzulegen, weder ein Teil der regierenden noch der gesetzgebenden Macht; Steuern sind ein freies Geschenk der Gemeinen. Dieses Haus stellt die Gemeinen vor; darum geben und bewilligen wir, was wir geben können, unser Eigentum. Aber wenn wir dem König Steuern von Amerika bewilligen, so bewilligen Seiner Majestät Gemeinen von Großbritannien – unser Eigentum? nein, das Eigentum Seiner Majestät Gemeinen in Amerika. Einige sagen, die Kolonisten werden virtualiter durch dieses Haus repräsentiert. Ich frage, durch wen? durch Abgeordnete irgendeines Distrikts, irgendeiner Stadt – wo sind sie? ein verächtlicher Einfall, der keine Widerlegung verdient. Warum wollt ihr unmittelbar in der Tasche eurer Brüder plündern? Steuern sie nicht mittelbar beschwerlicher als wir durch eure Monopolien? Müssen sie nicht alles von euch, so teuer als ihr wünschet, kaufen? Alles an euch, so wohlfeil als ihr's wollt, verkaufen? Dürfen sie den Segen ihres Landes und die Früchte ihres Fleißes irgend jemand anbieten? Ihr erlaubt keinem Volke der Erde, auf diesem Markt neben euch zu stehn. Man erzählt uns, daß Amerika hartnäckig ist, daß es einen öffentlichen Aufruhr gewagt hat. Ich, meine Landsleute – ich freue mich, daß es widersteht. Drei Millionen Menschen, die sich freiwillig unter die Knechtschaft beugten, würden künftig taugliche Werkzeuge sein, auch uns das Joch auf den Nacken zu heften. Seit König

---

[7] Bis hieher gehören einige Züge einem englischen Schriftsteller.

William hat kein Minister den fürchterlichen Plan gewagt; er war unsern Zeiten vorbehalten.

William Pitt d. Ä., Lord Chatham

Wenn Amerika fällt, so wird es die Pfeiler des Staats ergreifen und hinstürzen auf die Trümmer unserer Verfassung. – Ist dies euer gerühmter Frieden? Ihr wollt das Schwert nicht in die Scheide, sondern in die Eingeweide eurer Brüder stecken.«

Die Verehrer Pitts wünschen einen Tag aus seinem Leben zu vertilgen, dessen Geschichte Lord Chesterfield in folgenden Worten erzählt: »Pitt hatte freie Hand, alle Minister zu nennen; und erraten Sie, wozu er sich gemacht hat? zum Geheimen Siegelbewahrer und – werden Sie's glauben? zum Lord Chatham. Hier ist der allgemeine Scherz, daß er die Treppe hinaufgefallen ist, und zwar so unglücklich, daß er in seinem Leben nicht wieder auf die Beine kommen wird. Nun ist er nichts mehr als Lord Chatham und in keiner Bedeutung mehr Pitt. Ich kenne in der Geschichte kein ähnliches Beispiel. So in der Fülle seiner Macht wegzusinken, im Genuß des befriedigten Ehrgeizes, das Volk, das Haus der Gemeinen zu verlassen, das ihm allein Macht gab, ihm allein Macht versichern konnte, ins Hospital der Unheilbaren, ins Haus der Lords zu flüchten – es ist ein unglaublicher Schritt.«[8]

Dennoch haben andere den großen Mann nicht ohne Nachdruck verteidigt, der entkräftet in Schatten zurücktrat, als England durch ihn triumphierte. Weder Würden noch Titel konnten Pitt erhöhn, sondern er entwich allein dadurch dem Geräusch und den Stürmen der Regierung, weil er Ruhe wünschte nach unsterblichen Taten; und verdient sie vielleicht der Retter seines Volks nicht?

Aber als er neulich sich wieder auf seinen Krücken emporhub und im Parlament mit sterbender Stimme rief: »Briten, ihr wollt Frieden kaufen? aufopfern Ruhm und Herrschaft, nicht züchtigen Frankreich, das vor euch bebte, euch nun hohnspricht? – Ich – zeuge wider euch bei der Nachwelt. Auf, laßt uns kämpfen, fallen, wenn es sein muß, unter den Trümmern des Vaterlandes!« War das nicht wieder die große Seele Pitts, die neuverklärt über ihrem Leichnam schwebte?

---

[8] »Letters to Mr. Stanhope«.

Die gegenwärtige Epoche von England erinnert an Roms gefahrvollen Krieg mit Tarent und den Chatham jener Zeit. Pyrrhus, als Bundsgenoß der Tarentiner, hatte den Konsul Laevinus überwunden und stand mit seinem Heer nur achtzehn Stunden von Rom; aber weil er Römermut zu würdigen verstand, so trug er dem Senat gleich nach erfochtenem Sieg freiwillig einen Vertrag durch den Philosophen Cineas an, der durch Geschenke und Gründe und durch allen Schmuck der Redekunst das Erbieten zu empfehlen wußte. Schon wankte der Rat, und einige stellten vor, daß eine große Schlacht verloren sei, daß eine zweite gefährlicher, entscheidender werden könnte, weil manche Völker Italiens sich mit Pyrrhus vereinigen wollten. Rom war im Begriff, einen schimpflichen Frieden als eine Wohltat anzunehmen. Aber Appius Claudius lebte noch, der, im hohen Alter und des Gesichtes beraubt, fern von Geschäften unter seinen Lorbeern ruhte.[9] Er hörte nicht so bald die friedliche Neigung des Senats, als er sich in einer offnen Sänfte über den großen Platz von Rom nach dem Kapitol bringen ließ. An der Türe erwarteten ihn seine Schwiegersöhne und Kinder, auf deren Arme gestützt er in die Versammlung trat, die bei dem Anblick des großen Mannes in stiller Ehrfurcht schwieg.

»Römer«, sprach er mit zitternder Stimme, »ich bin schon lange blind und ertrage mein Schicksal ungeduldig; aber heut wünschte ich auch taub zu werden, um eure Schlüsse nicht zu hören. Wo ist euer Trotz, wo sind die hohen Reden, die durch die Welt erschallten? Eure Väter, rühmtet ihr, hätten den Alexander verachtet. Habt ihr nicht oft wiederholt, daß Rom nur der Triumph noch fehlte, mit ihm gekriegt zu haben, daß er durch seine Flucht oder, durch seinen Tod euch verherrlicht haben würde? Das war also eitle Prahlerei? –

---

[9] Es verlohnt sich der Mühe, anzuführen, was Cicero von diesem Manne sagt: »Appius Claudius war nicht allein alt, sondern auch blind; dennoch, als der Senat zum Frieden mit Pyrrhus geneigt war, sprach er dawider, wie Ennius solches in folgenden Versen ausdrückt: ›Wie ist euer standhafter Mut auf einmal so töig und tief herabgesunken, ihr Römer!‹« Und an einer andern Stelle: »Appius stand seiner Familie vor und war alt und blind; sein Geist war gespannt wie ein Bogen; er unterlag der Schwachheit des Alters nicht und erhielt nicht allein Ansehen unter den Seinigen, sondern er beherrschte sie auch. Er war gefürchtet von seinen Knechten, von seinen Kindern geehrt und geliebt von allen. In seinem Hause blühten alte väterliche Sitten und Zucht.« (»Cato maior vel De senectute«, Kapitel V und XI)

Die Mazedonier fürchtet ihr nicht, aber die Molosser und die Chaonier? Den Alexander fürchtet ihr nicht, aber wohl den Pyrrhus, der als Knecht bei seinen Knechten diente? – Ihr träumt, Frieden zu kaufen; Krieg und Untergang werdet ihr für Schande kaufen! Wenn euch Pyrrhus gedemütigt hat, wenn man euch erst verachtet, so werden andre Feinde sich waffnen und über das erniedrigte, mutlose Volk herfallen. – Ha, ihr Schutzgötter meines Vaterlands! welcher Tag! – Pyrrhus siegt und gibt Rom dem Spott aller Barbaren preis.«[10]

Rom verwarf den Frieden und siegte.

---

[10] Plutarch im »Pyrrhus«.

Denkwürdigkeiten von Johann Jakob Rousseau

11

Rousseau war von mittlerer Größe, wohl und zierlich gebaut, leicht in seinem Gang, gefällig in seinem Anstand. Er behielt bis zum Anfang des Alters die Stärke und die blühende Farbe der Jugend, ob er gleich sein ganzes Leben hindurch mit schmerzhaften Steinkoliken geplagt war; sein Gesicht verkündigte Empfindung und Redlichkeit, und sein durchdringender Blick war durch eine offene Sanftmut gemildert, die Vertrauen zu seinen Sitten und zu seinem Herzen einflößte. Er war höflich ohne Zwang und in seiner Armut gastfrei; an seinem häuslichen Mahl herrschten Unschuld und Freude, wie in der alten unverdorbenen Welt. Er drückte sich auch im gewöhnlichen Umgang bestimmt und warm über jeden Gegenstand aus; alles floß aus der vollen Quelle; alles war empfunden, selbst gedacht, nicht mit erborgten Blumen geschmückt, nicht mit Gemeinsätzen durchwässert, und seine Wissenschaft und Erfahrung war ganz mit seinem Geiste durchwebt. Er verachtete Schmeichelei und Spott und hielt den literarischen Ruhm für ein so mittelmäßiges Verdienst, daß er den Bauer Kleinjogg im Ernste allen Schriftstellern vorzog. Wenn er auf seine Autorkriege kam, so war er übel mit sich zufrieden. »Ich hätte«, sprach er, »schweigen sollen; denn ich merkte, daß mein Herz bitter wurde und daß ich meine Ruhe verlor. Endlich ließ ich sie ruhig schimpfen und schreiben und befand mich besser dabei. Zufriedenheit ist ein größeres Gut als irgendein Triumph. Zwei Zänker endigen immer damit, daß jeder auf seiner Meinung beharrt; es schmeichelt der Eitelkeit, eine Lanze zu brechen, aber es nicht zu tun ist der Sieg der Vernunft. Die glücklichste Zeit meines Lebens war, als ich nur Bücher zum Zeitvertreib las und von meiner Handarbeit lebte.« Er schätzte den Menschen, den Schriftsteller, den Weisen nur, wenn er einen entschiedenen Charakter besaß, insofern er eigentümlich handelte und dachte; »denn«, sprach er, »nichts gedeiht, als was auf unserm

---

11 Ein Teil dieser Nachrichten, bis dahin, wo die Geschichte der Konsistorialverfolgung anfängt, ist 1763 im persönlichen Umgang mit Rousseau von einem schweizerischen Gelehrten gesammelt und aus einem ungedruckten französischen Aufsatz einer schweizerischen Dame (Mademoiselle Bondeli) gezogen, den mir mein Freund Zimmermann mitgeteilt hat.

Grunde hervorsproßt; alles Fremde kömmt nur ärmlich fort.« Er konnte darum die Völker nicht leiden, die sich ganz nach einem Muster bilden und einer Herde ähnlich sehen. Er zog ihnen die geringsten Freistaaten vor, wo sich's der Mensch herausnimmt, sich von seinem Nachbar zu unterscheiden. Auch in Kleinigkeiten war er nicht wie andere. Er wollte sich üben, es auch im Großen nicht zu sein; er kleidete sich wie ein Armenier, nicht sowohl aus Hang zur Seltsamkeit, als weil er diese Tracht bequemer als unsere steifen Moden fand. Niemand wußte mehr die Herzen zu gewinnen; die größten Männer schätzten ihn hoch, aber er nannte sie nicht in seinen Schriften. Er rühmte sich ihrer Bekanntschaft nicht; er zog dafür seinen würdigen Landsmann Abauzit aus seiner Dunkelheit hervor, dessen sanfte, durch Wissenschaften aufgeklärte Seele seine ganze Zärtlichkeit besaß. Immer sprach er mit Wohlgefallen von dem würdigen de Luc, diesem herzhaften Verteidiger der Freiheit seines Vaterlandes. »Er kann«, sprach er, »fehlen und irren; aber sein Herz ist rein wie die Unschuld.« Nichts war ihm heiliger als die Freundschaft; und er nannte den großen Bacon selten, ohne mit einem tiefen Seufzer anzumerken, daß er gegen seinen Freund und Wohltäter, den Grafen Essex, geschrieben habe. Er hat fast immer unter Franzosen gelebt, aber er liebte dieses Volk nicht. »Sie ertragen«, sprach er, »jedermann, solange man nicht an ihre Vergnügungen rührt. Ein System über die Gottesleugnung wird eher in Frankreich geduldet als eine Kritik über ihren Gesang. Man hat mich nicht ermorden wollen, weil ich den ›Emile‹ schrieb, sondern weil mir ihre Musik nicht gefiel.«

Ob ihn gleich sein Vaterland auswarf, so war es ihm doch immer teuer. Von allen Zügen der griechischen Tugend hat ihn keiner mehr als Plutarchs patriotische Handlung gerührt, der eine kleine Richterbedienung in seiner Vaterstadt Chäronea dem Amte eines kaiserlichen Statthalters, und zwar unter dem Trajan, vorzog.

Unter den Neuern gibt es wenige Menschen, die er höher als den weisen Fénelon schätzte wegen seiner heitern vernünftigen Tugend im Hofglück und im Leiden. »Ich möchte lieber«, sagte er oft, »so eines Mannes Kammerdiener als der erste Pair von Frankreich sein.«

Rousseau war ein aufrichtiger Gottesverehrer. Ein Atheist könnte nach seiner Meinung zwar einem ehrlichen Mann ähnlich werden, aber auf seine Tugend sei nichts zu rechnen; »und darum ließ ich«, setzte er hinzu, »Wolmarn bei der ersten Versuchung fallen. Freilich ist die Tugend«, fuhr er fort, »ein beständiger Kampf, ein angestrengter, unbehaglicher Zustand, aber dennoch gibt es auf der Erde für den Menschen keine andere Glückseligkeit. Physische Übel haben ihre Zwischenräume, die moralischen nicht; ein Lasterhafter wird unaufhörlich durch peinliche Vorwürfe gemartert. Wir sind im Grunde weder zum Guten noch zum Bösen geneigt. Die Zunge bebt in der Waage bei dem unverleiteten Menschen, aber das kleinste Gewicht reißt sie nieder, und ein unbedeutender Stoß entwickelt mächtige Leidenschaften.« Wenn man seiner erlittenen Verfolgungen erwähnte, so sprach er: »Man versicherte mich, daß wir in einer philosophischen Zeit voll Nachsicht und Verträglichkeit lebten; ich entdeckte bald zu meinem Unglück, daß Grausamkeit und Härte Hauptzüge unsers Jahrhunderts sind und daß die gepriesene Menschenliebe nur ein leichter Firnis der Sitten ist.[12] Niemand hat mehr Freunde besessen als ich; in der Verfolgung schwiegen sie alle, und ich wäre damals ohne Freund und ohne Verteidiger gestorben. Es kann sein, daß ich mich in meinen Schriften irrte. Ich wollte nicht lehren; ich wollte nur meine Meinung sagen. Aber das ertragen die Menschen nicht; sie glauben, daß man ihre Einsicht beschimpft, wenn man anders denkt als sie, und rächen sich dann durch Haß und Ungerechtigkeit.« Er übte sich in dem körperlichen Schmerz ohne Prahlerei zur Geduld und gestand, daß keine Weisheit das physische Gefühl vernichte. Als er einst ganz niedergebückt unter Steinschmerzen am Feuer saß und halberstickte Seufzer ausstieß, rief einer der Anwesenden: »Ist das nicht die leidende Tugend?« –

---

12 Wer in einer goldenen Mittelmäßigkeit unbemerkt durch das Leben schleicht, begreift Rousseaus Menschenfeindschaft nicht oder findet sie übertrieben; aber lernt euer brüderliches Geschlecht an Höfen, lernt eure Nebenbuhler im Amt, im Verstand, im Glücke kennen, erhebt euch durch irgendein Verdienst und glaubt in der Unschuld eures Herzens, daß man euch liebt und schätzt, weil man euch umlächelt und umarmt. Wenn endlich unter euch der Boden wegsinkt, durch freundliche Mörder untergraben, dann seht, wie sich eure Freunde retten, als vergifter ihr die Luft, wie eure Klienten euch für genossene Wohltaten anspein; ertragt der Glücklichen stolzes, niedertretendes, erwürgendes Mitleid, und liebt die Menschen, wenn ihr könnt.

»Nein«, gab er lächelnd zur Antwort, »es ist die leidende Natur. Schmerzen sind uns immer neu; man kann sich nicht daran gewöhnen. Jener ehrliche Mann wollte auf seinem Totbette unrecht erworbenes Gut wiedergeben, und sein Sohn, der gerne erben mochte, gab sich eine vergebliche Mühe, ihn durch die Versicherung zu beruhigen, daß es nur auf vierzehn Tage ankäme, um des Fegfeuers gewohnt zu werden.« Am grämlichsten ward Rousseau, wenn man ihn um seine Zeit brachte. »Ich werde«, rief er oft, »mich endlich in die Alpen retten. Man schreibt mir lange Briefe zu, denn ich liebe bekanntlich die Weitläufigkeit; man verlangt Empfehlungen an Große von mir, als ob ich zum Hofgesinde gehörte; andere bieten mir Geld an, als wenn ich von Almosen lebte; alle glauben, daß man ihnen ähnlich ist.« Er schildert sich selbst am treffendsten in folgendem Brief an den Herrn von Lamoignon, den er im Jahr 1763 einer Gesellschaft von Freunden vorlas.

Jean-Jacques Rousseau

»Im achten Jahr wußte ich den Plutarch auswendig; im zwölften hatte ich alle Romane durchlaufen. Daher kamen die Menge fremder Ideen, die sich nicht mit dem wirklichen Leben vertragen; daher die entzündete Einbildungskraft, der Zug nach großen Gegenständen. Weder Menschenfeindschaft noch Verdruß hat mich von den Menschen getrennt, sondern eine gewisse Liebe zur Ruhe, eine unbezwingliche Neigung zur Freiheit. Ich habe darum nur schwache Schritte gewagt, um irgendein Glück in der Welt zu machen, und der Versuch mußte mißlingen, weil ich mich links dabei nahm; so ward ich nach und nach der Gesellschaft und der Menschen überdrüssig. Ich versammelte einen Kreis chimärischer Wesen um mich her; ich schuf mir eine idealische Welt, die nichts mit der wirklichen gemein hatte. Ich erheiterte dadurch meine Einsamkeit; aber alles war noch verwirrt und unentwickelt in meiner Seele, bis ich im Jahr 1750 eine Reise nach Paris unternahm, um Diderot im Gefängnis zu Vincennes zu besuchen. Ich nahm ein Journal zum Zeitvertreib mit und fiel auf die Preisfrage von Dijon, ob die Wissenschaften nützlich oder schädlich seien. Da stellten sich mir auf einmal die mannigfaltigen Übel des gesellschaftlichen Lebens so fürchterlich und eindringlich dar, daß ich unter meiner Empfindung erlag. Ich warf mich neben einem Baum nieder, alles Elend der Menschen zog in schrecklichen Gestalten vorüber; hundert Anschläge und Entwürfe folgten, und das war mein Beruf zur Autorschaft; meine Hantierung als Notenabschreiber hat solchen nicht veranlassen können. Ich war nicht geübt, in der Gesellschaft zu reden. Ich verstand es nicht, durch Witz und Einfälle zu glänzen; und so stellte sich im Anfang der Ausdruck langsam dar. Es wäre mir unmöglich gewesen, einen Plan zum literarischen Ruhm vorsätzlich zu entwerfen; es war Drang,[13] meine Ideen loszuwerden, der mich zum Schreiben nötigte; und wenn ich mit einiger Stärke schrieb, so war ich sie der Überzeugung von der Wahrheit meiner Sätze schuldig. In der Zerstreuung von Paris, im Zwang und Geräusche der großen Welt, wo mich manches zum Unwillen reizte, schlich sich Bitterkeit in meine

---

[13] Nicht Drang und Sturm, das ist eine Kinderkrankheit. S. Rosenstein von Würmern.

Schriften; aber in Montmorency war ich frei und ganz mir selbst überlassen. Meine Seele war heiter, wie die Luft, die mich umgab, und breitete sich auf meinen einsamen Spaziergängen über die ganze Schöpfung aus. Ich verlor mich in Betrachtungen über die Welt; ich erhob mich bis zum höchsten Wesen; ich wurde von seiner Erhabenheit, von seiner Allgegenwart durchdrungen; ich empfand die ganze Wollust der Menschheit im Gefühl der Liebe gegen meine Brüder, im Genuß der unermeßlichen Natur; ich redete zum Menschen, zum Bürger, zu den Fürsten, zu den Priestern; ich sprach zu den Vätern, zu den Kindern; ich sprach zu meinen Landsleuten, zum Rat von Genf in der Zueignungsschrift meines Buches über die Ungleichheit der Stände, zum Volk in der Schrift über die Schauspiele: alle nahmen meine Freiheit übel, und das Ungewitter zog sich auf, bis es endlich zu gleicher Zeit in Paris und Genf auf mich stürmte. Ich kann dem Parlamente vergeben, weil man es hintergangen hat; aber der Rat von Genf wollte mich zum Fußschemel brauchen, um sich auf den Thron der unumschränkten Gewalt zu erheben.« Er unterbrach sich hier im Lesen und rief mit Heftigkeit: »Ich werde frei sterben, meine Freunde, und lieber in einem katholischen als in einem protestantischen Lande; denn die katholischen Geistlichen lehren die Intoleranz, und die protestantischen üben sie aus.« Er fuhr zu lesen fort.

»Was mich immer in meinem Leben am stärksten rührte, war Gewalt und Ungerechtigkeit. Wenn ich aus meinem Fenster sah, wie man die Unschuld kränkte, den Schwachen und den Armen quälte, war ich oft so aufgebracht, daß ich's kaum über mich gewinnen konnte, nicht hinzulaufen, zuzuschlagen und dem Unterdrückten beizustehn. Daher rührt mein unüberwindlicher Haß gegen alle Große und gegen den hohen Rang überhaupt, weil der Geist der Unterdrückung von diesem Stand nicht zu trennen ist.[14] Ein gewisser Stolz, der mich immer trieb, den Menschen in dem Menschen aufzusuchen, machte, daß ich es nie lernen konnte, den Gedanken der Abhängigkeit zu ertragen. Der Herzog von Luxembourg und seine Gemahlin haben mich mit Freundschaft überhäuft; aber ich mußte mich zwingen, ihren Rang zu vergessen, sie nur als gute

---

[14] Außer wenn ihn der Geist des Wohltuns überwältigt. Dies ist eine von Rousseaus einseitigen Meinungen, welche, zum Glück der Erde, nur halb wahr sind.

Menschen anzusehn, und endlich war es doch ihr Stand, der mich bewog, eine Wohnung in ihrem Hause auszuschlagen; denn ich merkte, daß mir jede Kette, auch die des Wohlstands und der Sitten, im Umgang mit Höhern unerträglich war. Ich habe darum den Genuß der Freiheit allem vorgezogen, und ich habe dieses Glück geschmeckt; denn ich riß mich von allen Verbindungen, von allen Fesseln der Gesellschaft los, und glücklicher war kein Sterblicher als ich in Montmorency, wenn ich, nach einem im Gefühl der Unschuld verflossenen Tag und einig mit der ganzen Schöpfung, des Abends mit meiner Haushälterin, meinem Hund und meiner Katze speisete.«

Als er den Brief gelesen hatte, sprach er lächelnd: »Ich rede selbstgefällig von mir, und das ziemt niemanden als Montaignen.«[15] Man erwähnte des Unterschieds zwischen dem Weisen und dem Gelehrten. »Der erste«, sagte Rousseau, »ist nicht allein von dem wichtigsten Interesse der Menschheit unterrichtet, sondern auch entschlossen, nach seiner Einsicht zu handeln; und darin stehen die Neuern zurück. Die großen Leute unter den Alten führten aus, was sie lehrten; wir verstehen nur, darüber zu schwatzen.« Es wurde im Verfolg der Unterredung der widersprechenden Lehrgebäude in jeder Wissenschaft gedacht; hiebei merkte Rousseau an, daß ein aufrichtiger Wahrheitsforscher von Tatsachen und nie von einer Spekulation ausgehen müsse.

»Bacon«, fuhr er fort, »fand darum nur so viel zu erfinden und zu denken, weil er Erscheinungen miteinander verglich, und er würde noch in unserm Jahrhundert ein außerordentlicher Mann gewesen sein. Montesquieu hat sein vortreffliches Werk auf eigene Beobachtungen gegründet; aber da er in der großen Welt lebte und äußerst zerstreut war, so schrieb er nur stoßweise und vernachlässigte die Übergänge.«

Man bemerkte bei der Gelegenheit, daß im »Contrat social« eine herrliche Verbindung herrsche. »Das finden die Juristen nicht«, antwortete Rousseau. »Ihnen kömmt die Schrift verwirrt und dunkel vor; denn sie gehen lieber von ihrem Text als von der menschlichen Natur aus, und es ist wirklich schwer, einen moralischen

---

[15] Und einem einzigen großen Mann, der, vielleicht um den Neid zu versöhnen, sich dadurch wieder zu den Sterblichen herabläßt.

Grundsatz aufzufinden, der nicht durch die Begriffe aus der gebildeten Gesellschaft verunstaltet ist. Wir fangen kaum an zu empfinden und zu denken, so sind wir schon fern von der Natur; darum muß der innere Menschensinn, auch nur in der einfachsten Beziehung, immer ungewiß und zweideutig sein.« Zu einer andern Zeit erzählte er, wie er zu arbeiten pflege: »Ich überdenke«, sprach er, »lange meinen Gegenstand, bis ich vertraut mit ihm werde, bis er mich an sich fesselt, mich entzündet. In meinen Spaziergängen werf ich dann meine Einfälle aufs Papier; nach einiger Zeit überseh ich alles, wähle, verwerfe und setze zusammen. Ich fange mit der Materie an und endige mit dem Plan. Ich begreife nicht, wie man es wagt, ein Buch ohne Stoff und Ideen zu schreiben, wie man seiner Sache gewiß ist, wenn man nur erst die Fächer geordnet, die Zellen gebaut hat, in die man dann ein wenig geraubten Honig trägt. Stoff und Begriffe sammelt man nur in einer sehr mannigfaltigen Welt. Ich habe mit Hofleuten, mit Leuten von Stande, mit schönen Geistern, mit Bürgern und Bauern gelebt. Ich begehrte nichts, ich wünschte nichts; man ertrug mich und verstellte sich nicht. Ich konnte also beobachten; aber ich hätte nicht vermutet, daß man diese Neugierde so übelnehmen würde. In der ›Heloise‹ habe ich dem Weltmenschen und dem Heiligen gepredigt, daß sie sich einander ertragen möchten, und beide fielen über mich her.« Man lenkte das Gespräch auf seinen »Emile«. »Er enthält«, sprach er, »den Plan einer negativen Erziehung für einen abgesonderten Menschen. Für einen Mann zu bürgerlichen Geschäften würden zwar die Grundsätze einerlei, aber die Anwendung müßte verschieden sein. In einer Nationalerziehung müßte man alle Hülfsmittel zum Guten benützen, die man in den Sitten und in der Verfassung einer jeden Gesellschaft findet, und die Liebe zum Ruhm nicht ausschließen. Man glaubt«, fuhr er fort, »an eine natürliche Ungleichheit der Menschen; aber wir sind nach unserm Geistesvermögen einander ähnlich genug; alles hängt von den äußern Umständen ab, welche dieses Vermögen entwickeln. Die Wilden sind darum am Körper und am Geiste gleich; da waltet die ungestörte Natur. In unsern Staaten teilt man die Menschen in Klassen, wie Geschöpfe von verschiedener Gattung, und richtet jede mühsam ab, nach hergebrachten Vorurteilen; endlich wird man die künstliche Trennung gewahr, man will alsdann wieder vereinigen, durch Nachahmung, Wohlstand, Höflichkeit und Formalität, aber das ist ein erzwungenes

Band. In der Republik des Platon vereinigte die Tugend alles,[16] und nur das Laster zerriß. Es war ein herrlicher Einfall, daß er seine Menschen durch Musik und durch Gymnastik erzog; dadurch gab er ihnen Trotz und Kraft und stimmte sie wieder harmonisch zu sanften Gefühlen.«

Über die Musik sind Rousseaus Grundsätze bekannt. Unter den größten Komponisten verdient ihm Hasse einen erhabenen Rang; Händel ist der Lully der Deutschen; Rameau hat, den Generalbaß ausgenommen, sein ganzes System auf Sophismen gebaut, und die Franzosen werden nie in dieser Kunst etwas ausrichten. Indem er von Sophismen sprach, merkte er an, daß die metaphysischen Abstraktionen nur glänzende Chimären sind.[17] Er führte zum Beispiel den Begriff vom Schönen und Gerechten des Platons an. Er kam auf das Glaubensbekenntnis des Vikars von Savoyen. »Wenn ich auch«, sprach er, »die Wahrheit verfehlte, so hat mich doch diese Lehre getröstet, und ich kann sie durchaus nicht entbehren. Man muß sich entweder für einen Manichäer erklären oder über das Rätsel der Freiheit die Augen zumachen.« Über die Religion sind folgende Ideen aus seinem Munde gesammelt: »Paulus zuerst und nachher Augustinus haben sich von der erhabenen Lehre ihres Meisters entfernt. Die Gleichnisse Christi und die Sprüchwörter Salomons sind vortreffliche Stücke der Schrift; aber der Verfasser des Hohenliedes würde sich wundern, wenn er wüßte, wie mystisch man ihn ausgelegt hat. Man könnte auf die nämliche Weise die Idyllen des Theokrits erklären. Der Grund, warum Predigten wenig fruchten, ist, weil weder ihr Ton noch ihre Sprache dem Begriff und der Bedürfnis der verschiedenen Stände angemessen sind. Die Jesuiten kannten das menschliche Herz besser und stifteten geistliche Kongregationen für alleverschiedene Klassen im Staat. Man will auf der Kanzel entweder überzeugen oder rühren. Massillon und Bourdaloue waren für die erste Methode; ihnen gelang es, den Verstand durch ihre Schlüsse zu überwältigen. Heutigestages ist zu Paris Fléchier das Predigerideal. Man will überreden, gefallen; es sind

---

[16] Und blieb darum ein Traum.

[17] Helvétius sagt richtig, sie schöpfen aus dem Brunnen der Wahrheit, mit dem Gefäß der Danaiden.

akademische Diskurse, voll edlen Ausdrucks und fein gesponnenen Witzes, der für den Haufen verlorengeht.«

Wenn Rousseau von der Geschichte sprach, so hat er oft wiederholt, daß nur die Geschichte der Freistaaten erzählt zu werden verdiene; »denn in einer Monarchie hängt immer eine Reihe großer Begebenheiten an einer Leidenschaft oder zufälligen Richtung des unbestimmten Charakters des Fürsten. Die Geschichte von Frankreich liefert uns nur Karl den Fünften, Franz den Ersten und Heinrich den Vierten von eigentümlichem Geist. Ludwig der Vierzehnte verdient die Vergötterung seiner Schmeichler nicht; aber er war ein Kenner großer Leute. Plutarch hat darum so herrliche Biographien geschrieben, weil er keine halbgroße Menschen wählte, wie es in ruhigen Staaten Tausende gibt, sondern große Tugendhafte und erhabene Verbrecher. In der neuen Geschichte gab es einen Mann, der seinen Pinsel verdient, und das ist der Graf von Fiesco, der eigentlich dazu erzogen wurde, um sein Vaterland von der Herrschaft der Doria zu befreien. Man zeigte ihm immer den Prinzen auf dem Throne von Genua; in seiner Seele war kein anderer Gedanke als der, den Usurpator zu stürzen. Tyrannen, die im Blutvergießen, im Menschenquälen Wollust finden, sind Traumgeschöpfe der Dichter. Selbst Könige ziehen die Natur nicht aus, so sehr sie auch ihre Macht berauscht und ihre Schmeichler verderben. Als Octavius unumschränkt regierte und keine Nebenbuhler mehr scheute, ward er gelind und gütig. Die Grausamkeit seiner Nachfolger war zum Teil eine Folge der Gärung der republikanischen Partei. So wie ihre Furcht dafür nachließ, ließ auch ihre Härte nach.« Rousseau urteilte mit gleichem Scharfsinn über die Philosophen aller Zeiten: »Die Characteristics des Shaftesbury sind ein prächtiges Gebäude ohne Grund, und Bolingbroke war ein witziger Sophist, aber er überredet niemand.« Er bewunderte die Betrachtungen des Antonius, nicht sowohl ihres innern Wertes wegen, weil sie wenig Neugedachtes enthalten, sondern weil ein Kaiser die reine Moral von seinem Throne lehrte. »Die Stoiker verdienen Ehrfurcht; ihr Ziel war die höchste Vollkommenheit. Sie gaben sich nicht, wie man irrig glaubt, für unumschränkte Beherrscher ihrer Empfindungen aus; sondern diese Kraft war in ihrem Ideal, das sie zu erreichen strebten. Je größer unsere Muster sind, je mehr erhebt sich unsere Tugend.

Richardson nimmt uns für seine Personen, als wären es unsere Blutsfreunde, ein; aber einige seiner Charaktere sind überladen und geziert. Grandison ist ihm durchaus mißlungen, weil er in einer Person den Weltgefälligen, Liebenswürdigen und den Biedermann vereinigen wollte. Es kann sein, daß zuweilen so eine Mischung der Natur gerät; aber wegen ihrer äußersten Seltenheit kann sie im Kunstwerk weder Interesse noch Täuschung wirken. Wenige haben Geßnern an edler Einfalt und Wahrheit des moralischen Gefühls übertroffen. Corneille hat in manchen Stücken die Seelengröße der Römer erreicht; die Neuern bleiben weit unter ihm. Sie empfinden nichts; sie sind nur große Maler erkünstelter Empfindungen; und Voltaire führt diese Gattung an, er, der immer von der Toleranz sprach und sie niemals ausgeübt hat.« Rousseau hielt alle Akademien für eine unnütze Erfindung unserer Zeit.»Sobald«, sprach er, »irgendein Gedanke einer allgemeinen Reform in einem französischen Kopfe keimt, so entsteht der Plan einer Akademie. Gesetze, Ackerbau und Handel, alles soll in diesen Schulen gelehrt werden, und nicht durch Männer vom Handwerk, sondern durch betitelte Dilettanti. Aber die Büchergelehrten haben noch nie eine richtige Theorie erfunden; noch weniger sind ihnen die Schwierigkeiten und Vorteile der Ausübung bekannt; und sobald eine Akademie daraus wird, so verliert sich endlich der Gegenstand im eitlen Gepränge der Formalität und im Geschwätze der Mitglieder. Jeder geschäftige Stand unter den Menschen sollte seine Lehrer und Gesetzgeber aus seiner eigenen Klasse nehmen. Eine vernünftige Mutter wird treffender als Locke und Fenelon von der Erziehung reden. Freilich erhebt sie' sich nicht zum Allgemeinen; sie entwirft keinen vollständigen Plan: aber in einzelen Fällen sind ihre Lehren vortrefflich.« Man wird in diesen Urteilen die scharfe Richtigkeit seiner Begriffe und den angemessenen Ausdruck erkennen. Keine Betrachtung hielt ihn jemals vom aufrichtigen Geständnis seiner Meinung zurück; er hing an keinem Systemen keiner Partei noch Sekte; er ging gerade auf seinen Endzweck los und ergriff die Wahrheit, wo er sie fand oder zu finden glaubte, mit einer Art von Leidenschaft. Er setzte alles in Handlung und wollte, daß sich jeder frage, nicht, was hast du gelehrt, sondern, was hast du getan und ist dir eine gute Tat gelungen? Was ist dir noch übrig zu tun? Er wiederholte oft den Spruch des Alten: Wenn du so viel Jahre verschwendest, um Weisheit zu lernen, wieviel Zeit bleibt dir denn zur Ausübung noch?

»Ich möchte«, sprach er, »ein Mitglied einer Akademie sein; wo
jeder getreulich aufschriebe, was er Gutes und Böses täte.« Man
behauptete, daß es schwer sei, eigene Fehler zu erkennen. Aber
Rousseau war nicht dieser Meinung; »denn sie drängen sich«,
sprach er, »täglich um uns und werden uns wie unser Hausgesinde
bekannt.« Einer seiner Freunde war auf einem Spaziergang gefallen
und wandte sich um, den Ort zu besehen, wo der Fall geschehen
war. »Ist das nicht der Mensch?« rief Rousseau. »Erst begehen wir
den Fehler, und dann überlegen wir bedächtlich, wie es zugegangen
sei. Wir fragen uns dann, wie es möglich ist, daß wir, daß so vernünftige Männer an dieser Stelle straucheln konnten.« Als zu einer
andern Zeit von der Bosheit und dem moralischen Übel in der Welt
gesprochen wurde, antwortete er: »Das Gleichgewicht erhält sich
darum doch; denn was zehntausend Bösewichter verwüsten, können zehn gute Menschen wieder herstellen. Nichts verherrlicht den
Weltregierer mehr, als daß der Mißbrauch unserer Freiheit den
Wohlstand und den Zusammenklang im allgemeinen so wenig
stört.«[18]

Rousseau war nach Motiers Travers geflüchtet, weil in Paris der
Fanatismus den Stab über ihn brach. Sein »Emile« ward durch die
Sorbonne zensiert, durch den Henker zerrissen und verbrannt und
durch Hirtenbriefe verflucht. Man spielte das ganze Possenspiel
durch, welches in jedem Lande ein Buch berühmt und seinen Verfasser unglücklich macht. Rousseau war mit Gefängnis und Strafen
bedroht und wollte sich anfangs nicht retten; seine Freunde beweg-
ten ihn mühsam dazu. Er sprach: »Ich werde ruhiger in der Bastille
als unter den Menschen leben.« In der nämlichen Zeit wütete man
auch in Genf gegen ihn, und der Senat beschloß, ihn einziehen zu
lassen. »Ich«, sprach er, »ein Bürger einer Republik, schrieb, in einem Freistaat, gegen die monarchische Verfassung und die Fabeln
des Papsttums, und das Pariser Parlament verurteilte mich, als ob es
über alle Menschen und alle Meinungen herrschte. Ein Erzbischof
stieg auf seinen Thron und schleuderte seinen Bann auf einen Ket-
zer herab, der an seine Flüche nicht glaubt. In Genf, wo man weder
Eigengewalt noch Papsttum duldet, ahmte man das Parlament und

---

[18] Bis hieher gehen die Nachrichten aus dem Manuskripte meines Freundes. Der
übrige historische Teil ist aus Erzählungen, Briefen und zuverlässigen Memoiren
genommen.

den Erzbischof nach; man verfuhr wie in einer despotischen Regierung, um einen freien Bürger zu unterdrücken.« Er entsagte darum seinem Vaterlande und gab in folgendem Brief an den ersten Syndikus sein Bürgerrecht auf.

»Endlich habe ich mich von meinem Erstaunen über das Verfahren des Rats erholt, und ich fasse den Entschluß, den mir Vernunft und Ehre gebieten, ob er gleich mein Herz empfindlich kränkt. Erklären Sie dem Rat in meinem Namen, daß ich auf ewig meinem Bürgerrecht in der Stadt und dem Gebiet von Genf entsage. Ich glaube, nach meinen Kräften meine Bürgerpflichten erfüllt zu haben. Ich habe nie dafür einigen Vorteil genossen; also bin ich in keinem Rückstand gegen den Staat. Ich habe getrachtet, dem Namen eines Genfers Ehre zu machen. Ich habe meine Landsleute zärtlich geliebt, und ich wünschte von ihnen geliebt zu werden; aber keine Absicht ist mir übler gelungen. Auch ihrem Hasse will ich mich fügen. Das letzte Opfer in meinem Vermögen ist das Opfer eines Namens, der mir teuer war. Dennoch, mein Herr, mein Vaterland kann mir zwar fremd werden, aber es wird mir niemals gleichgültig sein. Ich bleibe mit ihm durch die zärtlichste Erinnerung verbunden, und ich vergesse nichts als seine Beleidigungen. Möge seine Wohlfahrt ferner gedeihn, möge es einen Überfluß an bessern Bürgern, und die glücklicher sind als ich, besitzen!«

Rousseau fand in dem einsamen Dorfe den Frieden nicht, den er suchte. Weder die Macht des Philosophen auf dem Thron noch die Freundschaft seines Statthalters[19] konnten ihn gegen Priestereifer schützen. Weil die Geschichte dieser Verfolgung merkwürdig ist, so will ich sie umständlich erzählen.

Als Rousseau daselbst ankam, drängte sich der Pastor nbsp;M... mit einer sanften Freundlichkeit an ihn. Er nahm, wie es schien, mit Rührung an seinem Schicksale teil; er beklagte den redlichen, leidenden Mann und wollte nicht mit dem Irrenden streiten; ja auf die allgemeine Erklärung, daß er sich zur reformierten Kirche bekenne, ließ er ihn zum Abendmahle zu; er versicherte laut, daß dieser Schritt seiner Gemeinde zur Ehre gereiche und die Gläubigen erbauen würde.

---

[19] Des würdigen Lord Marschalls.

Rousseau freute sich des liebreichen Priesters. Er hatte nirgends so viel gutmütiges Wohlwollen erfahren; er war in der Kirche oft bis zu Tränen bewegt und glaubte, daß der echte Geist der christlichen Liebe auf dieser Gemeinde ruhe. Das bekannte Schreiben an den Erzbischof Beaumont erschien, ohne daß der Pastor nbsp;M... dadurch geärgert wurde; auch die »Briefe vom Berge« wurden bekannt; sie gefielen dem guten Seelenhirten. Er nahm mit Dank ein Exemplar davon an und las es mit Vergnügen durch; noch konnte Rousseau in seinem Betragen nicht die geringste Änderung merken. Nach und nach wurde freilich ihr Umgang seltener; aber nicht, weil der Pastor den Freigeist verabscheute, sondern weil unter Leuten, die wenig Kenntnisse miteinander gemein haben, endlich das Interesse der Unterhaltung abnimmt. M... verlangte Vertraulichkeit; er fragte vorwitzig nach den Geheimnissen Rousseaus, nach dem Inhalt aller seiner Briefe; er wollte sein ganzes Hauswesen führen. Dieses Einstürmen lenkte Rousseau mit einer kalten Höflichkeit ab. Zu der Zeit und als der Groll schon gärte, tat sich eine Gesellschaft zusammen, um Rousseaus Werke zu verlegen. Hierbei war eine gute Ausbeute zu hoffen; der orthodoxe M... wollte Teilnehmer sein, und Rousseau schlug es bloß darum ab, weil die Gesellschaft schon vollzählig war. Nun wurde sein Verderben beschlossen. Allgemach ward auf dem Predigtstuhl die Freigeisterei des Jahrhunderts, geschildert, über die Gefahr der Gläubigen geseufzt, Gottes Zorn den Frevlern angekündigt und der Abscheu rege gemacht, der jedes Frommen Pflicht ist. Unter dem erschlichenen Schutz der Macht, hieß es, dürfen sich die Gottlosen brüsten. Alles dies wurde bald im Trompetenklang und bald im Flötenton vorgetragen, damit es alle Gattungen rührte. Endlich erscholl die Hirtenstimme lauter und warnte vor dem Verworfenen, der unter Christi Herde herumschlich; es wurde eines brandigen Gliedes gedacht, das abgerissen werden müsse. Hierauf nahm der Priester die Maske ab und forderte Rousseau vor das Konsistorium seines Dorfs. In den französischen Gemeinden hat solches einige Aufsicht über die Sitten der Glieder. Es bestand in Motiers Travers aus dem Priester, seinem Diakonus und einigen Ältesten, zum Teil Handwerksgenossen, wie denn der Vertraute des Pastoren ein handfester Hufschmied war. Vor diesem ehrbaren Synodus sollte der Philosoph sich stellen, sollte wie ein Knabe verhört und (man hat es nicht geleugnet) öffentlich aus dem Schoß der Kirche geworfen werden. Rousseau war durch langes Leiden ermüdet. Er wollte lieber dem Sturm entfliehn und schrieb darüber einem seiner Freunde am 23. nbsp;März 1765: »Meine Partei ist unwiderruflich genommen; ich verlasse diesen Ort. Wer sich meiner mit Liebe erinnert, wird es nicht mißbilligen, daß ich ein Land des Friedens suche, um meine Gebeine niederzulegen. Wäre mir noch Kraft und Gesundheit übrig, so fehlt es mir am Mute nicht fürs allgemeine Beste, auch dieser Verfolgung die Stirne zu bieten; aber ich bin durch Krankheit, durch Unglück ohne Beispiel gebeugt, und ich kann keine Rolle mehr spielen. Man lasse mich irgendwo in Ruhe sterben. Dieser feste Entschluß wird, wie ich hoffe, alle fernere Anfälle hindern. Ich kann so geschwinde nicht reisen, ich muß meine Sachen in Ordnung bringen; bis dahin wird man mir doch nicht ärger begegnen als einem Türken, Juden oder Heiden, dem man auf wenige Wochen in jedem Land einen freien Aufenthalt erlaubt. Wollen aber die Herren durchaus ihr Konsistorium versammeln, so will ich versuchen, ob ich hinkriechen kann. Sie werden nach meiner Erklärung finden, daß es dieses Aufhebens nicht bedurfte; auch mögen sie ihren Bann aussprechen, wenn sie das so sehr belustigt.« Aber das war die Rechnung des Priesters nicht; er weidete sich schon an der Wollust, seinen Fuß auf den Kopf eines Philosophen zu setzen, und darum war es getan, wenn er ihm entwischen konnte. Er ließ ihn daher schon den Tag nach diesem Brief durch zwei Abgeordnete feierlich vorfordern. Rousseau gehorchte nicht, sondern entschuldigte sich durch folgenden Brief: »Auf Ihre Ladung, meine Herren, war ich willens, heute zu erscheinen, obgleich meine Gesundheit elend ist; aber ich finde, es wird mir unmöglich fallen, eine lange Sitzung auszuhalten, um über Glaubenssachen Red und Antwort zu geben, welches die Absicht Ihres Ansinnens ist. Ich werde mich darum schriftlich erklären, und ich hoffe, Ihr Eifer wird sich so weit mit der christlichen Liebe vereinigen lassen, um damit zufrieden zu sein, weil ich ohnehin mündlich nichts weiter hinzusetzen kann. Wenn Ihre Strenge gegen mich kein positives Gesetz vor sich hat (und man versichert mir das Gegenteil), so ist sie wahrlich neu, unerhört und dem Geiste des Evangeliums zuwider; denn, überlegen Sie, meine Herren, ich lebe schon lang in dem Schoß unserer Kirche; ich bin weder Priester noch Professor; ich gebe mich mit keinem Unterricht ab; ich bin also nur ein Privatmann und keinem Verhör über meinen Glauben unterworfen. Eine solche Inquisition würde den Grund der Reformation untergraben, die evangelische Freiheit und die christliche Liebe beleidigen, das Ansehen der Obrigkeit und die Gerechtsame der Untertanen kränken, man mag sie als Glieder der Kirche oder Bürger des Staats ansehn. Ich bin schuldig, meine Handlungen gegen Gesetze und Menschen zu verteidigen, aber meine Meinungen nicht. Wir erkennen in unserer Religion keine unfehlbare Kirche, keine, die ein Recht hätte, ihren Gliedern vorzuschreiben, was sie glauben sollen; darum bin ich, als Mitglied derselben, nur Gott allein Rechenschaft von meinem Glauben schuldig. Als ich vor drei Jahren aufgenommen ward, war der Herr nbsp;M... mit meiner Erklärung zufrieden; er forderte keine Erläuterung über das Dogma und versprach, sie nie zu begehren; ich halte mich an sein Wort. Wenn man damals mit mir zufrieden war, nachdem ich ein Buch geschrieben hatte, welches das Christentum heftig anzugreifen schien, so war es ein seltsamer Widersinn, mich jetzo wegen eines Buches zu verstoßen, worin ich freilich irren kann, weil ich ein Mensch bin, aber worin ich doch als ein Christ irre, weil ich mich, Schritt vor Schritt, aufs Evangelium berufe. Damals konnte man mich zurückweisen; jetzo sollte man mich wieder aufnehmen. Wenn Sie anders verfahren, meine Herren, so denken Sie an Ihr Gewissen; das meinige wird ruhig sein. Ich bin Ihnen gebührende Achtung schuldig; aber ich wünsche, daß man den Schutz nicht vergesse, womit mich der König beehrt, damit ich nicht genötiget werde, die Landesregierung um Hülfe anzurufen.« Der Priester wurde durch diesen Brief weder bestürzt noch gerührt; er wollte zufahren und verdammen; und weil er mit den Stimmen nicht reichte, so behauptete er, daß ihm zwei[20] gebührten. Aber auf den schlichten Menschenverstand der zünftigen Beisitzer wirkte der Brief; sie fürchteten eine höhere Gewalt und fragten daher bei dem Staatsrat vor, ob sie berechtigt seien, ein Glied der Gemeinde über seinen Glauben zu befragen. Zumal (setzten sie treuherzig hinzu), da sie von der Theologie nichts verstünden. Ferner, ob im Konsistorium ihr Geistlicher zwei Stimmen habe. Beide Fragen wurden durch ein erleuchtetes Nein entschieden, dem Oberbeamten in Val Travers zugeschrieben, daß

---

[20] Zwei Stimmen, um zu verdammen? Als Alkibiades auf die Anklage des Thessalus als ein Entheiliger der Mysterien verurteilt wurde, willigte die Priesterin Theano nicht in diesen Schluß; »denn«, sprach sie, »mein Beruf ist zu segnen, nicht zu fluchen«. (Plutarch im »Alkibiades«)

Rousseau unter dem unmittelbaren Schutz des Königs stehe, daß er nicht erscheinen solle und daß man das Konsistorium in seine Schranken zurückweisen müsse. Ja, der König selbst bezeigte in einem eigenen Reskript über diesen Vorfall seinen Verdruß und befahl, daß Rousseau durchaus in Ruhe gelassen werden solle. Der unruhige Priester kam aus Achtung für seine verdiente Verwandten mit einem herben Verweise davon. Aber er konnte sich dabei nicht beruhigen. Erst unternahm er, sein Verfahren schriftlich zu verteidigen, und hat, wie Rousseau sich ausdrückt, seine Feder in vergifteten Honig getaucht. Rousseau wandelte, wie er versichert, eine hypochondrische Furcht an; man hatte nicht die Absicht, ihn zu beschimpfen; man wollte sich brüderlich mit ihm besprechen; es sei die Pflicht eines treuen Predigers, einer gegebenen Ärgernis zu steuern; die »Briefe vom Berge« enthielten giftige Einwürfe gegen das Christentum; Rousseau habe versprochen, nie wieder zu schreiben; wenn ein alter Untertan, setzt er boshaft hinzu, Verfasser eines solchen Buches wäre, würde man nicht gegen ihn wüten? Warum verlangt denn der Fremdling Rousseau mehr Achtung und Rechte als die eingebornen Bürger des Staats? Rousseau wirft ihm in seiner Antwort sanftmütig vor, daß er gleichwohl gern an dem Verlag aller seiner Werke, also auch dieser schrecklichen Briefe, teilgenommen hätte und daß man den Giftmischer dulden müsse, wenn man mit dem Gifte handeln wolle; die andern Beschuldigungen weist er heftiger ab. »Als ich«, sagt er, »die ›Briefe vom Berge‹ schrieb, erfüllte ich eine der heiligsten Pflichten; meine Ehre war empfindlich gekränkt, und der Freiheit meiner Mitbürger drohte Gefahr. Ich erinnere mich des Versprechens nicht, das mir der Pastor nbsp;M... vorrückt. Es kann sein, daß ich, des Autorelends müde, bei meiner Ankunft beteuerte, nie wieder schreiben zu wollen; aber darum hab ich nicht versprochen stille zu halten, wenn man mich erwürgt. Meine Briefe sind eine Schutzschrift in einem Prozeß, wo es auf meine Ehre und das Wohl meiner Landsleute ankam.

Warum ärgerte sich denn M... nicht, als mein Brief an den Erzbischof Beaumont erschien? Ich habe darin die Geheimnisse und Wunder nicht glimpflicher als in den ›Briefen‹ behandelt. Darf die Tugend der Duldung sich widersprechen und den nämlichen Fehler in verschiedenen Zeiten einmal vergeben und das andere Mal strafen? Außerdem war es meine Absicht nicht, in den ›Briefen‹ das

Christentum anzugreifen; ich wollte vielmehr in solchen beweisen, daß es auch mein Vorsatz nicht im ›Emile‹ gewesen sei. Es kann sein, daß der Beweis übel geführt ist und daß meine ganze Schrift aus einem Gewebe von Irrtümern besteht; nur erinnere man sich, der ›Emile‹ war vergeben; und wenn ein Verbrechen verziehen ist, so wird man darum nicht gestraft, weil man's hinterher übel entschuldigt. Aber ich habe Ärgernis gegeben? Diese Herren verfahren scharfsinnig genug: erst setzen sie ihre Kompetenz über die Ärgernisse fest; dann verstehen sie's, ein Ärgernis nach Belieben aufzufinden; hierauf werden sie Richter, entscheiden und strafen. Auf diese Weise könnten sie sich Gesetze, Länder und Fürsten unterwerfen. Das erinnert an die Geschichte des Wundarztes, dessen Bude zwei Ausgänge auf zwei verschiedene Straßen hatte; aus der einen schlich er sich des Nachts, um die Vorübergehenden wund zu prügeln, aus der andern, um sie zu verbinden; und dennoch heilte der Wundarzt noch, anstatt daß diese Herren ihren Patienten lieber den Garaus machten.«

Der Priester war gedemütigt, aber noch nicht entwaffnet. Der Pöbel war in seiner Hand, der nichts von Rousseaus Buch begriff, vielleicht nie sein Dasein erfahren hatte, und er sollte nun die Sache der Religion an dem Verfasser rächen.

Erst wurden in heimlichen Zusammenkünften die Vertrauten gestimmt, die Schwachen gestärkt und die Eiferer entzündet. Rousseau ward als ein Gottesleugner geschildert; auf der Kanzel kam die Betrachtung vor, daß, eines einzigen Verbrechers wegen, oft ein ganzes Volk vernichtet worden sei. Nun war das Zeichen zum Aufruhr gegeben. Wo Rousseau ging, da folgten ihm ein Haufen Weiber und Kinder und riefen ihm Flüche und Scheltworte nach. Am 1. nbsp;September 1765, nachdem sich die Gemeinde erst zu der verdienstlichen Tat durch das Abendmahl geheiligt hatte, warf man dem Philosophen die Fenster ein. Diese Anfälle wurden in den folgenden Nächten wiederholt; endlich in der Nacht vom 7. nbsp;September ward sein Haus wie die Höhle eines Räubers bestürmt, eine Tür aufgebrochen, die andere zerschmettert; alle Wände wurden durchlöchert; ein schwerer Stein fiel nahe vor Rousseaus Bette nieder; es fehlte nicht viel, so hätte man ihn aus Eifer für den Gott der Liebe ermordet. Nun war es Zeit zu entfliehn. Man kann unter Schwärmern und Toren wohnen und ihre Verblendung bedauern, aber unter keinem rasenden Haufen, der aus Christenpflicht nach Blute dürstet.[21] Rousseau rettete sich in den Kanton Bern. Daselbst wollte man ihn auch nicht dulden und schützte den Bund mit Genf vor. Rousseau erbot sich umsonst, in einem Gefängnis zu leben; er mußte in der rauhen Jahreszeit fort und ging nach Frankreich zurück. Er floh aus dem Lande der Freiheit, und ein despotischer Staat nahm ihn auf.

Die Franzosen zürnen nicht lange. Der Hirtenbrief und Rousseaus Buch waren beide vergessen.

Hume, der sich damals in Paris aufhielt, bewegte ihn, mit nach England zu gehn, wo er ein Jahrgehalt für ihn ausgewirkt hatte; aber diese zwei Philosophen vertrugen sich nicht.

Hume war zum kalten Spotte geneigt, der jeden Unglücklichen foltert; und Rousseau, den sein Schicksal nicht zum Vertrauen auf Menschenliebe stimmte, argwohnte nichts Geringers, als daß ihn sein Begleiter wie ein lächerliches Geschöpf herumzeigen wolle. Es fiel ihm ein, daß ihn der Jahrgehalt entehre, und er behauptete, man habe seinen Namen mißbraucht und Geld wider seinen Willen begehrt. Um diese Zeit erschien in den öffentlichen Blättern folgender an ihn gerichteter Brief im Namen eines großen Königs, der Horace Walpolen zum Urheber hatte.

»Sie haben Ihrem Vaterlande entsagt, Sie haben sich aus der Schweiz jagen lassen, die Sie so sehr in Ihren Schriften erheben; in Frankreich will man Sie festsetzen; kommen Sie also zu mir. Ich bewundere Ihre Gaben, und Ihre Seltsamkeit belustigt mich, ob sie gleich, unter uns gesagt, bereits zu lange dauert; denn endlich ist es einmal Zeit, vernünftig und glücklich zu werden. Einen wirklich großen Mann kleiden ewige Paradoxen nicht. Sie sind dadurch berühmt geworden, lassen Sie's dabei bewenden, und spielen Sie Ihren Feinden den Possen, zu zeigen, daß es Ihnen nicht am ordentlichen Menschenverstand fehlt. In meinen Staaten kann ich Ihnen eine ruhige Zuflucht anbieten, und ich will Ihnen gerne gut begegnen, wenn Sie's erlauben wollen; oder wenn es Ihrem Scharf-

---

[21] Ich erzähle aus öffentlich gedruckten Memoiren. Ich verehre den geistlichen Stand und habe würdige Freunde darin. Bosheit entehrt den Zunftgenossen, aber niemals die Zunft.

sinn schmeichelt, überall ein Unglück aufzubieten, so wählen Sie nach Ihrem Geschmack; denn ich bin König und kann Ihnen Böses genug tun. Außerdem will ich Ihnen versprechen, was Sie von Ihren Feinden nicht hoffen dürfen: Ich will aufhören, Sie zu verfolgen, sobald Sie nicht mehr Ihren Ruhm darin setzen, verfolgt zu werden.«

Rousseau, durch diesen Spott äußerst gereizt, hatte Humen als Verfasser in Verdacht und verklagte ihn vor der ganzen Nation. Es entstand ein trauriger Federkrieg, der die Philosophie nicht verherrlichte.

Ich setze einen Brief hieher, den Rousseau um diese Zeit an einen Wundarzt in Lincoln schrieb und der seine grämliche Laune schildert. Der Mann hatte ihm lateinisch geschrieben, ihn unbescheiden gelobt und doch mitunter im Namen anderer bittre Einwürfe gegen seine Meinungen angebracht.

»Sie reden mich lateinisch an«, antwortete Rousseau, »als wenn ich ein Gelehrter wäre. Sie ersticken mich unter Ihrem Lob und wollen mich vielleicht durch diesen Weihrauch berauschen; aber Sie irren sich in beiden Punkten: denn ich bin kein Gelehrter mehr; ich war es zu meinem Unglück. Das große Lob hat mir immer mißfallen, und jetzo, da ich Trost und keinen Weihrauch bedarf, mißfällt es mir noch mehr. Es ist, als wenn Sie einen Verwundeten komplimentierten, anstatt ihn zu verbinden. Ich habe meine Schriften dem Urteil der Welt preisgegeben, und die Welt ist ihnen und mir sehr übel begegnet; es mag darum sein. Ich habe nie behauptet, recht zu haben; aber meine Absichten waren rein, und ich hätte mehr Nachsicht erwartet. Man hat mich entweder oft nicht verstanden oder nicht verstehen wollen und meine wirklichen Fehler durch andere, die man mir beimißt, vermehrt. Ich schweige vor den Menschen und überlasse meine Sache Gott, der mein Herz kennt. Ich antworte auf die Vorwürfe nicht, die Sie mir in anderer Namen machen, und auch nicht auf die Lobeserhebungen in Ihrem eigenen Namen; ich verdiene beide nicht, und ich gebe dergleichen nicht wieder zurück, denn ich bin aufrichtig und kenne Sie nicht. Sie nennen sich einen Wundarzt; hätten Sie mir von den Pflanzen Ihrer Gegend gesprochen, so hätten Sie mir ein Vergnügen gemacht; aber von meinen Büchern und von allen Büchern in der Welt werden Sie vergeblich mit mir reden; ich nehme keinen Teil mehr daran. Ich antworte nicht lateinisch; ich habe von dieser Sprache nur soviel behalten, als nötig ist, um den Linnäus zu verstehn.«

Um die nämliche Zeit lud ihn der Graf Orlow durch folgenden Brief nach Rußland ein. »Sie werden sich nicht wundern, daß ich Ihnen schreibe; jeder Mensch hat seine Seltsamkeiten, Sie die Ihrigen und ich meine; das ist alles ganz natürlich, so wie der Bewegungsgrund dieses Briefes. Ich sehe Sie schon lange von einem Ort zum andern ziehn, und so ist es mir eingefallen, Ihnen zu sagen, daß ich ein Landgut zehn Meilen von Petersburg besitze, wo die Luft gesund, das Wasser vortrefflich, die Gegend angenehm und recht zum Phantasieren gemacht ist. Meine Bauern verstehen weder Englisch noch Französisch, weder Griechisch noch Lateinisch; höchstens wissen sie ein Kreuz zu machen, und ihr Priester hat weder zu predigen noch zu disputieren gelernt. Wenn Ihnen dieser Ort gefällt oder irgendeinmal gefallen möchte, so steht es Ihnen frei, da zu wohnen. Es wird Ihnen an keiner Bequemlichkeit, an keiner Bedürfnis fehlen: allenfalls können Sie auch, wie der Mensch der Natur, von der Fischerei und der Jagd leben. Wenn Sie, um sich aufzumuntern, mit jemand reden wollen, so werden Sie Ihren Mann finden; aber überhaupt sollen Sie frei und ungebunden sein und niemandem einige Verbindlichkeit haben. Ihr Aufenthalt kann heimlich bleiben, zumal wenn Sie der Neugierde entgehn und Ihre Reise zu Schiffe machen wollen. Ich schreibe Ihnen dieses aus Dankbarkeit für das Gute, das mich Ihre Schriften lehrten, ob sie gleich nicht für mich geschrieben sind.« Rousseau antwortete wie folget: »Sie sagen mir, Herr Graf, daß Sie Ihre Seltsamkeiten haben; und freilich ist es seltsam genug, jemand, den man gar nicht kennt, ohne irgendeine Absicht zu verbinden. Ihr gütiges Erbieten, der Ton, womit Sie es tun, und die Beschreibung der Wohnung, die Sie mir bestimmen, würden mich zuverlässig reizen, wenn ich gesunder, beweglicher, jünger wäre und wenn Sie der Sonne näher wohnten. Ich würde außerdem befürchten, daß Ihr Entschluß Sie gereute. Sie erwarten vielleicht einen Gelehrten, einen angenehmen Redner, der durch Witz und schöne Worte Ihre Gastfreiheit vergelten soll. Dafür würden Sie einen guten einfältigen Mann finden, den sein Geschmack und sein Unglück äußerst einsam gemacht haben, der den ganzen Tag herumläuft, um Kräuter zu suchen, und der endlich unter den Pflanzen den Frieden fand, den ihm die Menschen versagten und der seinem Herzen so teuer ist. Ich werde also nicht kommen, um in Ihrem Hause zu wohnen; aber ich werde mich immer dankbar Ihres Erbietens erinnern und es zuweilen bedauern, daß es mein Schicksal nicht war, mit Ihnen zu leben und Ihrer Freundschaft zu genießen.«

Rousseau eilte nun wieder nach Frankreich. Er war im Sommer 1768 eine kurze Zeit in Lyon und wanderte, um Pflanzen zu suchen, in die Gebirge von Dauphiné. Er ging hierauf nach Paris und lebte äußerst eingezogen; er besuchte niemanden und nahm ungern Besuche an; er ward von Briefen ohne Zahl heimgesucht, aber er antwortete selten und nannte diese Zudringlichkeit den Fluch der Zelebrität.

Er trennte sich von Menschen und Büchern und schrieb um die Zeit an einen Freund: »Ich lebe mit der vegetierenden Natur und finde, daß sie mannigfaltig reizend und, was ich über alles schätze, verträglich ist.« Er besuchte zuweilen den »Café de la Régence« und sprach freundlich und gerne mit jedermann; aber wenn man seiner Schriften erwähnte, so brach er ab und ging davon. Er hatte sich mit seiner Haushälterin verheiratet, die weder Jugend noch Gestalt, noch seltene Geistesvorzüge besaß; außerdem war sie unverträglich gegen Fremde und hat ihm manchen Verdruß zugezogen. Aber sie war ihm unentbehrlich geworden; sie verstand's, sich in seine Launen zu schicken, und heiterte ihn durch ihre Munterkeit auf. Rousseau wäre reich geworden, wenn er nicht das Geld verachtet hätte. Er hat nur wenig von dem Verdienst seiner Schriften genossen; kein Sterblicher kann sich rühmen, ihn irgend beschenkt oder belohnt zu haben. Der Zug ist bekannt, daß die Marquisin von Pompadour ihm für kopierte Musik fünfzig Louisdor überschickte und er achtundvierzig davon zurücksandte. Nur für seine Frau haben seine Verleger eine Leibrente von tausendzweihundert Livres ausgemacht. Er nährte sich vom Notenschreiben; man bezahlte ihm mehr als gewöhnlich, aber dafür schrieb er auch in der größten Vollkommenheit ab. Seine kopierte Musik wird teuer gekauft; denn sie trägt außer ihrem äußern Wert auch den Stempel der innern Vortrefflichkeit, weil er nichts abschrieb, als was seinen Geschmack als Kenner befriedigte.

Im Jahr 1770 ward sein Drama »Pygmalion« bekannt. Es ist ganz mit Jugendfeuer durchglüht, voll glimmender, wachsender, wütender Leidenschaft, und scheint nicht das Werk eines alternden Philosophen zu sein. Es wurde erst 1775 auf der Pariser Bühne vorgestellt. La Rive machte den Pygmalion und Mamsell Raucourt die Bildsäule. Es wirkte, wie alles, was in Frankreich gefällt, wie eine Art von Zauberei; ganz Paris strömte trunken dahin. Rousseau hatte nicht in die Aufführung eingewilliget und schlug auch die Autorbelohnung aus.

Noch ist ein Werk von ihm in der Welt, gewiß das einzige in seiner Art, nämlich ein aufrichtiges Tagebuch seiner selbst. Freunde, denen er es vorlas, versichern, daß er alle Geheimnisse seines Herzens mit einer fürchterlichen Wahrheit entfaltet. Folgende Vorrede zu diesem außerordentlichen Werk ist bekannt geworden: »Ich unternehme etwas ohne Beispiel, und das gewiß nicht nachgeahmt wird: ich will einen Menschen nach der nackten, natürlichen Wahrheit zeichnen, und dieser Mensch bin ich. Ich allein kenne mein Herz, und ich habe die Menschen kennengelernt; ich bin nicht wie einer unter ihnen; ich bin vielleicht weder besser noch schlimmer, aber ich bin eine ganz eigene Gattung. Ob die Natur wohl oder übel getan hat, die Form zu zerschlagen, worin sie mich goß, darüber kann man urteilen, wenn man mich gelesen hat. Ich werde Gott, wenn er Rechenschaft fordert, mit diesem Buch entgegenkommen; ich werde sagen: so dachte ich, so handelte ich, ich habe nichts verschwiegen, nichts beschönigt, ich habe mich strafbar und niedrig dargestellt, wenn ich es war, ich habe mein Innerstes aufgedeckt, so wie es, Allwissender, vor deinen Augen offen lag! Laß die Menschen mein Bekenntnis hören, laß sie erröten über meine Schande, laß sie über mein Elend seufzen! Jeder entschleiere sein Herz vor deinem Thron; und wenn er darf, so sag er es kühn, daß er besser gewesen sei als ich!« Man hat ihm diese Schrift nicht entwendet, wie ein Gerücht versichern wollte, sondern es ist gewiß, daß sie bei einem Freunde verwahrt liegt und zu seiner Zeit erscheinen wird.[22]

---

[22] Eine neue Nachricht von Paris versichert: er habe vor seinem Tode alle bittere Stellen gegen seine Feinde aus dieser Schrift gerissen und verbrannt. Der einzige Zug verherrlicht den Mann. Ob Diderot dabei nicht errötet, der sich auf Rousse-

Rousseau lebte in der letzten Zeit nicht weit von Paris, zu Er-
menonville, einem Landsitz des Marquis von Gerardin, der in
Frankreich durch die Anlegung seines reizenden Gartens berühmt
geworden ist. Er hatte den Sohn dieses Herrn, einen hoffnungsvol-
len Knaben, so lieb gewonnen, daß er ihn erziehen wollte; er schien
sich zu verjüngen und war schon entschlossen, wieder zu schreiben,
als er nach einem Spaziergange vom Schlag gerührt ward. Er lebte
nur wenige Stunden darnach, unter Augenblicken von Erinnerung
und Gegenwart des Geistes; er befahl ernstlich, daß man ihn öffnen
möchte, weil er sich fürchtete, lebendig begraben zu werden. Als
seine Frau vor seinem Bett in Tränen zerfloß, bat er sie, ein Fenster
aufzumachen: »Siehe«, sprach er, »dort den heitern Himmel! Tröste
dich; ich komme dahin.« Dies war der Mann, den man eifrig gelesen
und bewundert, verfolgt und lächerlich gemacht hat. Er war nicht
von den Leuten, die man umräuchert und verachtet, sondern einer
von den wenigen, die man hochschätzt und quält. Er wirkte unwi-
derstehlich auf alle Gattungen Geister. Er hat die Jugend entzündet,
die Philosophen verwirrt, die Menschenfreunde gerührt und die
Klerisei, wo er sich nur zeigte, zum Kriege gereizt. Er lenkte Herzen, fesselte den Verstand und trieb eine Menge Lehrgebäude wie
Seifenblasen vor sich her. Aber er war, sagen seine Widersacher, ein
Apostel der Paradoxie. Er baute auf den Trümmern des Menschen-
verstandes; er verlor sich in Widersprüchen und Träumen. Er wollte
die Rechte der Menschheit aus einem eingebildeten Vertrag herlei-
ten, wovon schon Jahrtausende lang kein Dokument mehr übrig ist;
er kannte die blutige Völkergeschichte, die Landesväter und Helden
und glaubte doch an die Möglichkeit eines ewigen Friedens; er
fluchte den Wissenschaften und Künsten und schrieb über Wissenschaften und Künste; er nannte die Bühne eine Schule des Lasters
und verfertigte Operetten und Dramen; er bezeugte, daß man ohne
verdorbene Sitten keinen Roman lesen dürfe, und schrieb einen
sittenverderbenden Roman; er setzte die Besserung der Welt in
einer veränderten Erziehung, und sein Emile ist nicht für diese Welt
erzogen. Er versprach, aufrichtig für die Wahrheit zu kämpfen, und
verdunkelte die erkannte Wahrheit durch neue verwirrende Zweifel; er erhob die Vorzüge der christlichen Religion und bestürmte

---

aus Grab hinstellt und ihn für den schändlichsten Bösewicht erklärt? (Siehe
»Essai sur la vie de Sénèque«)

den Grund, worauf sie sich stützt. Vieles hiervon kann nicht geleugnet werden; auch trug es sich zu, daß er zuweilen einen Irrtum immer heftiger verteidigte, je mehr ihn der Spott seiner Gegner reizte; außerdem gibt es über alles, quae caliginosa nocte premit deus, auf jeder Seite Gründe genug. Alle, die ihn kannten, geben ihm das einmütige Zeugnis, daß er die Wahrheit ernstlich suchte, daß er von dem Satz, den er jedesmal lehrte, durchdrungen war, daß er nicht glänzen, sondern überzeugen, keine Sekte stiften, sondern bessern wollte.

Es ist ein auffallender Unterschied zwischen ihm und Voltairen, der untersucht zu werden verdient. Diesem war es nicht um Aufklärung, sondern um Witz, weniger um eine gute Tat als um den Ruhm derselben zu tun; er jagte nach Einfällen, nicht nach Belehrung, und hätte die Rätsel der Vernunft ihrer Auflösung vorgezogen, der Freude wegen, darüber zu spotten. Rousseau handelte nach seiner Einsicht; sein Leben stimmte mit seinen Grundsätzen überein; Voltaire hat immer Menschenliebe gepredigt und seine Brüder erwürgt. Rousseau entschied nicht, sondern untersuchte; Voltaire verbarg unter der Karnevalslarve der Unwissenheit den Stolz eines untrüglichen Weisen; jener gestand, daß er sich irren könne, dieser hat nie einen Zweifel an seiner Unfehlbarkeit verziehn. Voltaire verhöhnte und verleumdete Rousseau, dieser hat seine Lästerungen nie erwidert; alles, was er sich erlaubte, war ein gutmütiger Scherz. »Voltaire«, sprach er zuweilen lächelnd, »kleidet es gut, auf die Verfolgung der Philosophen zu schimpfen, ihn, den niemand als Fréron verfolgt und der hunderttausend Franken jährlich in einer wollüstigen Ruhe verzehrt.« Als man ihm eine Bildsäule setzen wollte, so sandte Rousseau zwei Louisdor dazu hin.

Ihr Schicksal war, wie ihr Charakter, verschieden. Voltaire hatte alle Religionen mißhandelt, über Könige und Nationen gespottet, unvertilgbare Lächerlichkeit über ehrwürdige Verfassungen ausgegossen und selbst den Staat, wo er lebte, verhöhnt; alles das ging ungerächt durch. Rousseau verehrte die Religion, spottete nicht, griff niemals an, als wenn er sich verteidigen mußte, und ward überall, wie ein Straßenräuber, über die Grenzen verjagt.

Ich kann die Sache nur dadurch erklären, daß wir niemals vergeben, wenn man uns mit einer ernsthaften Miene versichert, daß wir

törig handeln und denken, wenn man mit Beweisen auf uns ein-
stürmt und nicht wenigstens den Ausdruck mildert; aber mitten
unter drolligen Schwänken nehmen wir bittere Schimpfreden hin;
wir zürnen nicht der guten Laune oder lachen unsern Unmut weg.
Voltaire, dieser einzige, glänzende Mann, hatte also doch die Yori-
cksmaske[23] nötig, welche die weltklugen Weisen aller Zeiten in
Schutz nimmt. Ein Lustigmacher ist unverletzlich und steht unter
dem Schutze des Völkerrechts.

Aber war nicht Rousseau ein Träumer? Hat er seine Zeit, hat er
die Menschen gekannt? Lebte und webte er nicht in einer ideali-
schen Welt? Fordert er nicht zuviel von dem verdorbenen Geschlecht? Ist sein Vorbild der Tugend und Weisheit nicht aus der
Halbgötter Zeit? Es kann sein; gleichwohl ist es ein ehrwürdiger
Traum, uns Tätigkeit, Gefühl unsers Wohls und Trotz auf unsere
Rechte zuzutrauen. Er wurde freilich getäuscht; er irrte zur Belohnung arm und vogelfrei auf der Erde herum; aber er gestand auch
seinen Irrtum. »Ich unternahm es«, sprach er, »mit den Menschen
über ihr wichtigstes Interesse zu reden. Sie wollten lieber singen
hören; darum schrieb ich Noten für sie ab.« Man fragt ferner: Wi-
dersprach er sich nicht? Nahm er nicht oft Lehrsätze wieder zurück? Heil also der übereinstimmigen Mittelmäßigkeit, die immer
auf ihrem geraden Weg im Gängelband der Schule taumelt und
keine Meinung ändert, weil sie sich nie einer eigenen bewußt war!
So zählt uns denn, fährt man fort im triumphierenden Ton, die
Summe der Wahrheiten auf, die Rousseau gefunden oder bestätiget
hat, oder gestehet vielmehr, daß er wieder einriß, was er baute, und
daß er durch sein ewiges Für und Wider alle Gewißheit aus der
Seele vernünftelte! Welches Lehrgebäude hat er befestigt? Welches
neue gegründet? Irret er nicht in lauter Ruinen herum? Hat er nicht
in alle Systeme tiefe schreckliche Lücken gerissen? Alles zugegeben,
meine Herren; aber er fand diese Klüfte auf seinem einsamen Pfad
und warnte getreulich den Wanderer dafür! Es war seine Schuld
nicht, wenn er nicht so glücklich als andere war und irgend auf eine
Notbrücke stieß. Unsre Kathedersysteme hängen besser zusammen;

---

[23] Ich darf wohl kaum anmerken, daß ich hier nicht Sterne, sondern the king's
jester aus dem Shakespeare meine; noch weniger fällt es mir ein, wie unsere rohe
deutsche Jugend, Voltairens Verdienste zu verkennen, dessen Liverei unser
Jahrhundert trägt, ich rühme nur seine Klugheit.

wir erklären die verborgensten Dinge; wir verhören die verschwiegene Natur; wir vereinigen Notwendigkeit und Freiheit und verteidigen mit kühnem Frevel Gott gegen seine Geschöpfe. Es gibt Herden von Universitätsphilosophen, die alles begreifen und beweisen, die nie ein Zweifel geängstigt hat. Nur ist zu beklagen, daß die weisesten unter den Menschen nach langem Grübeln immer fanden, daß sie nur wenig wußten. Unsere Jünglinge spotten über Zweifel, und der hundertjährige Theophrast starb darum ungern, weil er, wie er sagte, eben anfing ein wenig klug zu werden.

Es läßt verdächtig, wenn ein roher Mündling eben da die größte Klarheit entdeckt, wo die Bayle zweifeln und die Leibnize vermuten, wenn man da am trotzigsten entscheidet, wo die Rousseaue und die Locke ihre Unwissenheit gestehn. Die Grundbegriffe aller Dinge, das Wie in den Erscheinungen der Natur, das Warum in der moralischen Welt, die Ratschlüsse der Vorsicht, die widersprechenden Schicksale des Lasters und der Tugend sind Geheimnisse des Allmächtigen. Wir werden selbst in der bürgerlichen Weisheit nur einzele Beziehungen gewahr, wenn sie just in unserm Gesichtskreis liegen. Darum überläßt der Weise, wenn ihn keine Offenbarung erleuchtet, den Olymp den unsterblichen Göttern, erträgt oder genießt sein Los, ist nützlich, wenn er kann, und bildet an sich selbst. Wir sind auch ohne tiefes Forschen durch unsere Vernunft genug aufgeklärt, um uns zu lieben, zu ertragen, um gütig und gerecht zu sein. Wohltätigkeit und Menschenliebe sind älter als Systeme, älter als die goldenen Sprüche des Pythagoras, und es gab freundliche Erdensöhne, eh Plato über die Tugend schrieb, eh Sokrates dafür starb.

War es aber dein Schicksal, Freund der Wahrheit, in einer Religion erzogen zu werden, die bei ihrer Unerklärbarkeit doch für deine Einsicht und dein Gefühl unleugbare Spuren eines hohen Ursprungs trägt, so grüble weniger als Rousseau, hasche nicht so emsig nach Zweifeln, die dich weder klüger noch glücklicher machen; aber entscheide auch nicht so trotzig und kühn wie deine Orthodoxen, mäkle nicht zwischen Geheimnissen und Vernunft, vertrage dich nicht um die Hälfte, demonstriere den einen Teil nicht weg, um den andern metaphysisch zu erklären, sondern Dinge, die du weder verwerfen noch begreifen kannst, verehre mit bescheidenem Schweigen, und demütige dich vor dem alles erfüllenden Gott, der

zu dir spricht im Herzen und im lauten Jubel der Natur, der wahrlich ist, weil alles ist, und vor dem allein die Wahrheit ohne Hülle
erscheint.

Nachrichten von Samuel Foote

Samuel Foote war 1719 in Cornwallis geboren und stammte aus einem alten guten Geschlecht. Sein Vater hatte für Tiverton die Stelle eines Parlamentgliedes bekleidet, und seine Mutter, eine reiche Erbin, ließ ihm gegen viertausend Pfund Sterling an jährlichen Einkünften nach.

Er legte sich anfangs auf die Rechtswissenschaft, ward aber bald ihrer Trockenheit müde. Hierauf heiratete er eine junge Person aus einer angesehenen Familie und wurde durch die Verbindung nicht glücklich, weil ihre Neigungen nicht zusammenstimmten. Nun überließ er sich ohne Mäßigung seinem Hange zum Vergnügen, glänzte in der brausenden Makkaronigesellschaft, ward im Spiele geplündert und in wenig Jahren so bis zum Philosophen entkleidet, daß er für einen Trunk Wasser keinen andern Becher übrigbehielt als die hohle Hand.

In dieser Not ging er auf das Theater, wo er, abenteuerlich genug, mit der Rolle des Othells debütierte,

»and thousands swore,
they never saw such tragedy before«.[24]

Überhaupt erhub er sich in fremden Stücken als Schauspieler nie über die Mittelmäßigkeit. Seine Einnahme war daher gering, und da Genügsamkeit nicht seine Gabe war, lebte er auf einer beständigen Flucht. Überall paßten ihm Schergen und Gläubiger auf, und er verschwand und erschien in verschiedenen Ecken der Stadt, um ihren Fallstricken zu entgehn.

In diese Zeit gehört eine drollige Geschichte. Sir Francis D...l, ein muntrer witziger Jüngling, hatte mit ihm, in dem nämlichen Zirkel, der Jugend genossen und seine Güter verschwendet. Nun fügte sich's, daß eine reiche abergläubische Dame, deren ganzes Zutrauen Foote besaß, sich fest in ihrem Herzen entschloß, in den ehrbaren Stand der Ehe zu treten, aber jeder Vorschlag schien ihr bedenklich.

---

[24] Und Tausende schwuren, sie hätten in ihrem Leben so keine Tragödie gesehen.

Sie glaubte an Ahndungen und Zeichendeuterei und wünschte durch einen übernatürlichen Wink in ihrer Wahl geleitet zu werden. Foote gab ihr den Rat, einen Wahrsager in der Old Bailey zu fragen, von dem die ganze Stadt Wunder erzählte. Einer von Footes Bekannten stellte den Wahrsager vor, der, umringt von Spiegeln und nekromantischen Kreisen, der Dame feierlichst prophezeite, wo, an welchem Tag und zu welcher Stunde sie dem Mann begegnen würde, der bestimmt wäre, glücklich mit ihr zu sein. Er schilderte, ohne jemand zu nennen, den Sir Francis D...l in Lebensgröße; er beschrieb sein Kleid, seine Gebärden und sagte sogar die Worte seiner Anrede voraus. Alles das traf abgeredetermaßen ein und wirkte so heftig auf die erstaunte Dame, daß sie dem Herrn in wenig Tagen mit ihrer Hand ihr ganzes Vermögen übergab, und Foote wurde für die Erfindung, wie man sagt, mit einer Leibrente beschenkt, die ihn aus seiner dringenden Verlegenheit riß.

Um das Jahr 1747 eröffnete er auf dem Haymarket eine kleine Bühne und erschien als Autor und Schauspieler zugleich. Sein erster Versuch ist unter dem Namen der »Morgenbelustigung« bekannt. Es war kein eigentliches Drama, sondern eine Darstellung seltsamer Menschen aus dem wirklichen Leben, deren Gestalt und Anstand, Ton und Sprache er so täuschend nachzuäffen wußte, daß niemand die Originale verkannte. Der berüchtigte Taylor, L., ein andrer hudibrastischer Arzt, Sir Thomas de Veil, ein Friedensrichter, der Verganter Cock, der Redner Henley, fast alle Schauspieler dieser Zeit wurden vorgeführt und preisgegeben.

Anfangs setzten sich die Gerichte dawider, und man nahm eine Parlamentsakte zu Hülfe, welche die Zahl der Schauspielhäuser einschränkt; aber die Großen in der Stadt und das Publikum nahmen ihren Liebling in Schutz. Durch einen Kunstgriff, der nur in dem Lande gelingt, wo man jedes Gesetz wörtlich versteht, unter dem Vorwand, daß sein Saal kein Theater, sondern eine Teestube sei, fuhr er immer mit seinen Vorstellungen fort, verkaufte Erfrischungen und Satire und erwarb sich Ruhm und Belohnung.

Im Jahr 1766 tat er auf der Jagd mit dem Herzog von York einen so gefährlichen Fall, daß man ihm ein Bein abnehmen mußte; aber das Unglück schlug zu seinem Vorteil aus, denn der Herzog glaubte verpflichtet zu sein, den Invaliden zu versorgen, und bewirkte ihm auf Lebenszeit eine königliche Vergünstigung, jährlich vom 15. nbsp;Mai bis zum 15. nbsp;September auf dem Haymarket öffentliche Schauspiele zu geben.

Jetzt nahm sein Ansehen täglich zu. Er war fruchtbar an neuen launigen Stücken, und die Art, wie er selbst darin auftrat, zog beständig ein Gedräng von Zuschauern hin. Nach der Größe des Raums hat nie ein Theater seinem Eigentümer mehr Verdienst eingebracht.[25]

In den letzten Jahren seines Lebens ward er durch mancherlei Verdruß heimgesucht. Er hatte in einem seiner Stücke auf die Geschichte der Herzogin von Kingston angespielt, und ein Champion der beleidigten Dame schrieb ihm in den öffentlichen Blättern ein paar empfindliche Briefe, die seinem Charakter nachteilig waren.[26] Kurz darauf gab ihm ein liederlicher Bedienter ein schändliches Verbrechen schuld. Es kam zum öffentlichen Verhör. Nun nahmen zwar alle Redlichgesinnte laut des Verleumdeten Partei, und er wurde ehrenvoll für unschuldig erklärt; aber dennoch glaubte man, daß der Gram seine Gesundheit erschüttert hat, denn er fing an schwach und kränklich zu werden und überließ sein Theater an Colman, gegen eine jährliche Einkunft von eintausendsechshundert Pfund Sterling, wobei er sich überher eine Belohnung für jeden Auftritt als Schauspieler bedung.

Er hatte nur wenige Rollen gespielt, als ihn auf dem Theater ein paralytischer Zufall traf, und seitdem war er für die Bühne verloren. Auf den Gebrauch der Bäder zu Brighthelmstone ließ es sich mit ihm zur Besserung an; er kehrte nach London zurück. Daselbst rieten ihm die Ärzte, seine Genesung im südlichen Frankreich zu vollenden, aber er kam nur bis Dover, wo ein neuer Anfall seinem Leben ein plötzliches Ende machte.

---

[25] Man rechnet, daß er manches Jahr viertausendfünfhundert Pfund Sterling nach Abzug aller Unkosten einnahm.

[26] Sie beschuldigte ihn, er habe Geld von ihr erpressen wollen, und ein unbedachtsames Wort gab dem Vorwurf einigen Schein. Er hatte nämlich zu einem Unterhändler der Dame gesagt, man könne ihm zweitausend Pfund bieten, und er würde sich noch besinnen, ob er sein Drama unterdrückte. Wer Footes Umstände und Denkungsart kannte, sprach ihn von der Anklage frei.

Man erzählt, er habe vor seiner Abreise nachdenklich bei Westons[27] Bild verweilt und sei ahndungsvoll mit einem tiefen Seufzer in die Worte ausgebrochen: »Armer Weston! wenn mich mein Geist nicht sehr betrügt, wird es bald heißen: armer Foote!« Er starb am 21. nbsp;Oktober 1777 und hat einen natürlichen Sohn zum Erben seiner Güter hinterlassen.

Foote war beim ersten Anblick schon eine drollige burleske Figur, kurz und untersetzt, mit vollen Backen und großen, mutwilligen, geistvollen Augen, und er wackelte auf seinem hölzernen Bein mit einer seltsamen Beweglichkeit fort.

Als Schauspieler war seine Gattung einzig, von ihm erfunden und gebildet, und sie ist mit seinem Tod erloschen. Niemand wird seine Rollen spielen wie er. Zwar fiel es auf, daß er übertrieb; man wurde betäubt durch ein schwindelndes Geschrei, das epidemisch in der Gesellschaft herrschte; seine Gebärden waren zu heftig, nicht Karikatur in Hogarths Stil, sondern die Manier grenzte mehr an Ghezzis Masken; es war nicht sowohl reiner Charakter als Parodie über Charaktere. Aber dennoch drang die scharf gezeichnete Linie der Natur immer kennbar durch; das durchsichtige groteske Kleid verhüllte sie nicht; es war atmendes Leben, nur komisch erhöht, ein getroffenes, redendes, grimassiertes Bild mit zarten Strichen und blendenden Farben, damit es auf die Menge wirkte.

In dem nämlichen Ton sind seine Stücke geschrieben. Es sind Labsale für die Kunstrichterei; alles wimmelt von Beispielen, wie jede Regel verletzt werden muß. Er kehrt sich weder an Einheit noch Zeit, oft nicht an die dichtrische Wahrscheinlichkeit; er leitet nicht ein und schneidet nicht zu; an der Verwickelung ist ihm wenig gelegen; wenn ein Knoten sich zufällig schürzt, so mag er sitzen oder sich lösen; alles das bekümmert ihn nicht. Der Stoff ist zuweilen eine wirkliche Begebenheit, oft eine launige kleine Erfindung, und hiezu wird ein Trupp Originale wie auf ihren Posten kommandiert. Diese sind nur schwach in den Gang des Dramas eingeflochten, einer nach dem andern macht seine Künste dem Zuschauer vor;

---

[27] Der große einzige Schauspieler in seiner eingeschränkten Rolle eines Niais von einem besondern Schlag und Footes vertrauter Freund, der eigne Auftritte für seine Fähigkeit schrieb. Siehe von ihm Herrn Prof. Lichtenbergs dritten Brief an den Herausgeber des »Deutschen Museums«, Januar 1778, S. nbsp;15–22.

unterdessen steht die Handlung stille; man verliert die Fabel aus dem Gesicht und spaziert in einer Galerie von possierlichen Gestalten herum.

Aber bei diesen unleugbaren Fehlern hat niemand unter den Neuern Laster und Torheit treuer, wärmer gemalt. Er hascht die Sitten lebendig und weiß seinen Spiegel so richtig zu stellen, daß Lächerlichkeit sich wie in einem Brennpunkte sammelt.

Sein Dialog ist leicht und witzig, zwar voller Sprachnachlässigkeiten, aber äußerst korrekt nach der Grammatik jedes Toren. Alle Schnitzer sind aus ihrem Munde wiederholt.

In heiterem Mute geißelt er rechts und links, und jeder Streich entblößt die Nerven. Footes Einfälle sind Sprüchwörter geworden und sitzen auf einem Elenden fest wie unvertilgbare Brandmale. Nur ist es schade, daß für Fremde der größte Teil unverständlich ist. Er spielt allzu örtlich auf einzele Sitten und oft auf kleine Vorfälle an; man muß nicht allein die Verfassung des Landes, sondern auch die Einrichtung kleiner Distrikte und die Anekdoten des Tages kennen, wenn man ihn recht genießen und würdigen will. Wenig Stücke sind daher übersetzbar, aber ich kann doch dem Reize nicht widerstehen, einen Versuch mit etlichen Auftritten zu wagen. Die Einrichtung der Landmiliz in England ist eine reiche Quelle des Spottes. Die Offiziere bestehen zum Teil aus wohlhabenden Handwerksleuten und Krämern, und Major Sturgeon, welcher auftreten wird, ist ein ehrlicher Fischhöker aus Brentford, der sich mit seinem Freunde, einem Friedensrichter (im Grunde einem Erzschelm), unterhält.

Der Major, Sir Jakob

Sir Jakob: Nun, Major – der Krieg ist vorbei. Endlich hört man auf dem Lande Euer Trommelgelärm und das Pfeifenquieken nicht mehr nbsp;–

Major: Wir haben Frieden, Sir Jakob – unser Korps ist auseinandergegangen. Nun kann der Franzmann ruhig schlafen.

Sir Jakob: Aber, Major – war's nicht ziemlich spät im Leben für einen Mann von Ihrem Gewichte – das Waffenhandwerk zu ergreifen?

Major: Unbehülflich ist: man freilich im Anfang, und, im Vertrauen gesagt, nichts ist mir schwerer geworden, als die Füße auswärts zu setzen; aber Lust und Liebe zum Dienst macht, daß man endlich alles begreift. Wie nun erst eine Kampagne vorbei war,[28] meiner Seele, so blinzte ich nicht, wenn das Schießgewehr losging, nicht mehr, als wenn eine Biene brummte.

Sir Jakob: So –

Major: Auf Parole, man macht da so ein Aufhebens von. Für die Nation mag der Friede nützlich sein; mir liegt im Grunde wenig dran; dennoch war's, bei meiner Ehre, zuweilen ein desperater Dienst.

Sir Jakob: Ei –

Major: Oh – ein Marschieren und Contremarschieren, erst von Brentford nach Elin, dann von Elin nach Acton, dann von Acton nach Uxbridge,[29] in der heißen stechenden Sonne, in dem schwarzen fliegenden Staub, und die armen Menschen schwitzten – Unsre letzte Expedition nach Hounslow hat den Major Molasses das Leben gekostet. Bunhills Moor hat in seinem Grauen nie einen bravern Offizier gesehen. Der Verlust war unersetzlich für den Dienst und für das Vaterland nbsp;–

Sir Jakob: Und wie ging das zu?

Major: Wer nicht hören will, muß fühlen. Es war des Majors eigene Schuld. Ich riet ihm, als ein guter Freund, vor der Aktion die Sporen abzumachen; aber der Mann war resolviert, ein eiserner Kopf, wollte sich nicht einreden lassen.

Sir Jakob: Courage – Eifer für den Dienst?

Major: Ohne Zweifel – Hören Sie nur. Ich will das ganze Manövre erzählen. Um den Leuten Mut zu machen, hielten wir den Tag vorher im Kruge zu Thistleworth Rasttag. Früh um fünf formierte sich das Bataillon dicht bei Hounslow; der selige Major hatte eine Disposition gemacht, die sich sehen lassen durfte. Wir marschierten

---

[28] Die im Handgriffemachen auf der Wiese bestand.

[29] Diese Örter liegen alle in dem Bezirk einer kleinen deutschen Meile.

in Kolonnen auf, alle Bursche voller Leben. – Kennen Sie den Galgen, Sir Jakob, wo Gardel in Ketten hängt?

Sir Jakob: Jawohl –

Major: Nun – des Majors Plan war, diesen Posten zu okkupieren – aber als wir uns schwenkten, sehn Sie, linker Hand, hier ungefähr *(zieht einen Strich mit dem Stock auf dem Boden)* durch einen engen Hohlweg, um ein paar Schweinskoben zu besetzen und so dem Galgen in die Flanke zu kommen, auch allenfalls eine Retraite zu sichern, was, denken Sie, kam uns da entgegen? – Meiner Ehre, eine Ochsentrift. In der Fronte lärmte die Trommel, bei der feindlichen Arrière-Garde die Hunde. Nun wurden die Beester wild, setzten sich in Galopp, brachen durch Reih und Glieder und warfen, meiner Seele, das ganze schöne Korps übern Haufen nbsp;–

Sir Jakob: Entsetzlich –

Major: Ja, das Ärgste kommt noch. Des Majors Paradepferd, ein stolzer Mohrenkopf, nahm den Reißaus über Stock und Stein – es war fürchterlich anzusehn – der galante Offizier bohrte der Schindmähre seine Sporen fest in die Rippen und hielt sich so eine Weile noch fest; aber im Setzen über eine Pfütze gab sie ihm so einen hämischen Puff, daß er in einem Bogen, wie ein Sack aus einer Mühle, in eine tiefe Leimgrube flog.

Samuel Foote als Major Sturgeon

Eintrittskarte für das Theater auf dem Haymarket

Sir Jakob: Und brach den Hals?

Major: Nicht doch. – Er kam soweit sanft und wohl im nassen Ton zu liegen; aber entweder die Alteration oder der Fall war schuld, genug, seit der Zeit ging der brave Mann wie ein Schatten herum und lebte nur einen Monat noch. – Für uns alle war's ein erzfataler Tag.

Sir Jakob: Wieso?

Major: Hören Sie weiter. Kapitän Kukumer, Lieutenant Waffeleisen, Fähnrich Kaldauner und ich gingen in der Landkutsche zurück. Als wir bei Hammersmith an den Schlagbaum kamen, siehe da – »halt!« rief's, und da wurden wir angehalten auf der offnen Heerstraße und rein ausgeplündert von einem hagern, schwindsüchtigen, einzigen Spitzbuben – zu Fuß.

Sir Jakob: Wahrlich, ein unglücklicher Tag!

Major: Dennoch, am Ende fiel es besser aus, als ich dachte; denn an Major Molasses Stelle ward ich dem Regiment als Obristwachtmeister vorgestellt.

Sir Jakob: So –

Major: Ja – und außer der Tour, wie sie es nennen; denn ich war der einzige im Korps, Sir Jakob, der zu Pferde sitzen konnte. Sonst avancierten wir alle nach der Anciennetät. Niemand sprang dem andern vor; da gab's solche Kniffe nicht, wie in anderen Diensten. Nein – wir hatten im Korps Offiziere, Sir Jakob – feinere Leute gibt es nicht.

Sir Jakob: Sanft und friedlich?

Major: Wie die Lämmer. Nicht einen Streit, daß ich mich erinnere – außer ein einziges Mal in der »Krone zu Acton«, da baxten sich Kapitän Smith und der Oberstleutnant miteinander.

Sir Jakob: Was? – War dieses nicht gegen die Subordination? Der Kapitän hätte kassiert werden müssen.

Major: Ward auch kassiert. – Lieber Sir Jakob, unser Obrist ist ein harter Mann. Er nahm ihm nicht allein das Port d'épée, sondern auch seine Kundschaft – wahrlich der arme Kapitän hat seit der Zeit nicht einen Stich[30] für ihn tun dürfen.

Mutter Kole, im »Minderjährigen«, ist Kupplerin und Methodistin zugleich. Es war eine bewunderte Rolle von Foote, dessen Figur in Frauenskleidern äußerst abenteuerlich ließ. Wer sich an der frömmlenden Sprache ärgert, überlegt nicht, daß Pietisterei sich mit allen Lastern verträgt. Die Methodisten sind in England als eine kriechende Gattung erzboshafter Heuchler bekannt, und des Dichters Absicht war, nicht allein Lachen, sondern auch Abscheu zu erregen.[31]

Zu der Szene, die ich dolmetschen will, gehören Mutter Kole, Sir Georg, ein ausschweifender Jüngling, und Loder, ein Bösewicht, der ihn verführt und plündert. Mutter Kole kommt langsam auf einer Krücke und wird durch einen Bedienten des jungen Herrn in die Stube geführt.

*

Mutter Kole: Sachte – sachte – liebes Kind. – Nun – willkommen – willkommen, Herr Loder!

Loder: Bist du da – altes Rüstzeug – wieder im Gang. – Flink, bei meiner Seele – rosenwangig, wie eine Blutwurst.

Mutter Kole: Ei, ei – Herr Loder – endlich einmal. – Sie haben Mutter Kole vergessen.

Loder: Ich? – Eher vergeß ich, was Trumpf ist, Mama nbsp;–

Mutter Kole: Und Ihre Gnaden – wie befinden sich Ihre Gnaden? Ahi! – ahi! *(schreit)* das geht durch Mark und Bein!

Sir Georg: Was kommt Ihr an, Mutter Kole?

---

[30] War seiner Profession nach ein Schneider.

[31] Der Erzbischof von Canterbury hatte das Stück vor der Aufführung gelesen und sein Mißfallen darüber bezeugt. Foote ging hin, brachte sein Drama mit und bat den Prälaten auszustreichen, was ihm anstößig deuchtete; aber der Erzbischof gab es ihm mit einem bedeutenden Lächeln zurück. »Wollen Sie«, sprach er, »gern eine Komödie herausgeben und daraufsetzen: revidiert und approbiert durch den Erzbischof von Canterbury?«

Mutter Kole: Ach! – meine alte Krankheit – lauter Gicht, gnädiger Herr. – Aber Sie sind hier in der Stadt und besuchen Mutter Kole nicht? Ja, ja – mit mir ist's vorbei – ich bin abgetragen, weggeworfen, wie ein zerrissenes Gewand, sagt Herr Squintum. – Oh, das ist ein teurer Mann! Ohne ihn –war ich ein verlornes Schaf – wäre nie erweckt worden.– – Nun, lieber gnädiger Herr – Ihre gute Freundin Kätchen ist noch bei mir. – Sollen wir Sie auf den Abend nicht sehen? Ahi! ahi! *(schreit)* nage, schneide, brenne, steche, Nacht und Tag, in dem sündlichen Fleisch, das wird auch ein Ende nehmen – oh – oh! – Haben Sie nicht einen Fingerhut voll Krausemünzewasser im Hause?

Sir Georg: Etwas Besseres – herrlichen französischen Liqueur.

Mutter Kole: Ei bewahre – Branntewein! – Nicht *einen* Tropfen, für der Welt Güter nicht nbsp;–

Sir Georg: Nur um dein altes Herz zu stärken – die Bouteille, Richard.

(Der Bediente geht.)

Mutter Kole: Ja, ja, mit der alten Kole ist's vorüber – was aus dem Hause werden wird, wenn ich nicht mehr da bin? Erst wenn einer tot ist, wird einer vermißt. – Sechzehn Jahre – sag ich recht – achtzehn Jahre sind es – daß ich gewirtschaftet habe. – Laß mir einen auftreten im Kirchspiel, der mir kommen und sagen darf: Mutter Kole, warum habt Ihr das getan? - Zweimal nur war ich vor dem Friedensrichter – dreimal hab ich im Zwinger gesessen – *(weint)* Jeder Mensch hat Neider und Feinde.

Sir Georg: Nun, altes Murmeltier – tröste dich! Es ist ja vorbei.

Mutter Kole: Mit dem allen, gnädiger Herr, tut es einem wohl im Alter – ehrlich und redlich gelebt zu haben. Ja, ein guter Name, wie Herr Squintum sagt, ist mehr wert als ein Gefäß voll köstlicher Salben. *(Richard mit der Bouteille. Loder nimmt sie und schenkt ein.)*

Loder: Unterdessen trink einmal! Komm, der Gram ist durstig. Soll ich den Bumper vollmachen?

Mutter Kole: Halt – halt! Eher will ich die Themse austrinken. Nur ein Tröpfchen, um die Gicht aus dem Magen zu treiben.

Loder: Nun – trink soviel als du willst.

Mutter Kole: Aber nicht das Glas – die Bouteille, die Bouteille! Meine Hände zittern so – ich verschütte das gute Wesen – *(Nimmt die Bouteille und trinkt.)*

Loder: Nun so sauf – bravo, bravo, Mama! – In der Gurgel steckt das Übel nicht. – Aber von Geschäften zu reden, sag mir, das flinke, frische Mädchen in dem weißen Habit, das heute früh an deiner Türe klopfte – war das nicht ein fremder Vogel?

Mutter Kole: Haben Sie das schon aufgespürt? – Allerdings – ein Rekrut vom Lande.

Loder: Könnten wir denn nicht die Ehre haben nbsp;–

Mutter Kole: Geht nicht an, lieben Kinder. – Sie ist an Aldermann Timothy Totter versagt – der schon drei Wochen Kostgeld für sie bezahlt hat.

Loder: Schade für den gichtbrüchigen Kerl! – Gib ihm von der alten Ware nbsp;–

Mutter Kole: Von der alten Ware? – Wo denken Sie hinzukommen nach diesem Leben, Herr Loder?

Loder: Verflucht! dieser Squintum hat der Matrone den Kopf verrückt.

Sir Georg: Nicht doch, Loder. – Es ist, wie es scheint, eine glückliche Veränderung nbsp;–

Mutter Kole: Oh – ein Wunderwerk, gnädiger Herr. Da fuhr ich herum auf dem Sündenmeer, ohne Ruder und Kompaß, und wäre sicherlich untergangen im Strudel der Verzweiflung, hätte mich der ehrwürdige Herr nicht in den Hafen der Gnade pilotiert. – Ja, er war das teure Werkzeug. – Aber, gnädiger Herr, haben Sie Ihr Herz darauf gesetzt, auf ein junges Ding vom Lande, so ist auch da Rat für nbsp;–

Sir Georg: Nun –

Mutter Kole: Ich habe heut noch in die Zeitung setzen lassen, daß eine gute Herrschaft ein paar Dienstmädchen unter achtzehn Jahren verlange. – Zehn gegen eins, wir jagen was auf.

Loder: Das läßt sich, hol der Henker, hören nbsp;–

Mutter Kole: Freilich läßt sich's hören. Mutter Kole dient ihren Freunden gerne; aber sein Gewissen zu beschweren nbsp;–

Sir Georg: Recht, Mama. Bleibe Sie auf dem guten Wege! Aber wie lange ist es her, daß Sie so ganz umgewandt ist?

Mutter Kole: Nun laß sehen – seit meiner letzten schweren Gicht – als ich den ersten Anfall kriegte, da fing es schon an in dem innern Menschen gewaltig zu hantieren. Das war ein Zweifeln und Verzweifeln. Ich schwankte rechter Hand, linker Hand, konnte mich nicht finden aus dem Wirrwarr, da war niemand, der mir sagte: Mutter Kole, hier hinaus oder da hinaus geht der rechte Weg! – Einmal kam es so weit mit mir, daß ich mir vornahm, katholisch zu werden; aber das wollte nicht gehn.

Sir Georg: Warum nicht?

Mutter Kole: Ich reiste eigentlich darum nach Boulogne. Stellen Sie sich vor, gnädiger Herr, diese barfüßige, kahlköpfige, bettelhafte Pfaffen wollten mich nicht absolvieren, als wenn ich meine Hantierung, meinen Beruf, meinen Acker und Pflug niederlegte. – Außerdem ist das ein barbarisches Volk. – In ihren Nonnenklöstern vermauren sie auf lebenslang die feinsten, niedlichsten, allerliebsten Dinger. – Sechse von dem Schlag, Herr Loder, nur *einen* Winter – dann wäre mein zeitliches Glück gemacht, und eine könnte dann ruhiger an die Zukunft denken.

*

Eins von Footes neuern Stücken war »Der Nabob«.[32] Daraus will ich die Versammlung der antiquarischen Gesellschaft hersetzen, welche den Nabob aufnehmen will.

*

Der Sekretär: Sir Mathes will heute der hochpreislichen Gesellschaft seine Geschenke überreichen und hofft aufgenommen zu werden.

---

[32] Ein Nabob heißt in England ein Mensch, der sein Glück in Indien gemacht hat oder, wie ihn Foote irgendwo beschreibt, ein Kerl, der sich was Rechts zu sein dünkt, weil er die Heiden geplündert hat, der oft als ein dürftiger Schurk verreist und als ein reicher Taugenichts zurückkommt.

Ein Mitglied: Hat man ihn unterrichtet, daß man eine Antrittsrede erwartet? Er muß, wie es die Statuten der Gesellschaft verordnen, eine Probe seiner Gelehrsamkeit geben.

Der Sekretär: Er ist vorbereitet, und, wie ich höre, so sagt er seine Rede fertig her.

Ein Mitglied: Ist das Protokoll der letzten Versammlung in Ordnung gebracht?

Der Sekretär: Ja, das ist geschehen.

Ein Mitglied: Sind die schätzbaren Reste des Altertums, die der Verwüstung der Zeit entwischten, alle numeriert und eingetragen?

Der Sekretär: Alles ist fertig.

Ein Mitglied: Wollen wir nicht der Gesellschaft das Verzeichnis der Schätze vorlegen lassen, welche seit unsrer letzten Session eingesandt worden sind?

Ein Mitglied: Allerdings. Lesen Sie, Herr Sekretär.

Der Sekretär*(liest)*: Erstlich – in einem Kästchen von Glas eine wohlerhaltene Sohle von dem Pantoffel, mit welchem Kardinal Pandulfo, in Swinstead Abtei, dem König Johann einen Tritt vor den Hintern gab, als er ihn von dem Bann absolvierte.

Ein Mitglied: Ein schätzbares Überbleibsel!

Ein Mitglied: Und ein wahres Gegengift wider die Ausbreitung des Papsttums, weil es beweist, wie sehr der Papst seine Macht gemißbraucht hat. Fahren Sie fort.

Der Sekretär: Ein Nußknacker, von König Heinrich dem Achten an seine Gemahlin Anna Bullen geschenkt, ist, wie man urteilt, von Nußbaumholz.

Ein Mitglied: Und beweist, daß schon vor der Reformation Walnußbäume in England gepflanzt waren.

Der Sekretär: Eine Kappe von einem Reitkleid, so der Königin Elisabeth gehörte, das Zeug zuverlässig Kidderminster.

Ein Mitglied: Ist ein unterrichtendes Altertum; denn es beweist, daß die patriotische Königin nichts anders als englische Manufakturarbeit trug.

Der Sekretär: Ein Pfropfzieher, welchen Ritter Falstaff an Heinrich den Fünften schenkte, und ein Pfeifenstopfer, der dem Sir Walter Raleigh gehörte, aus dem Hinterteil des Schiffs gemacht, in dem er die große Seereise tat, von einem Geistlichen in Yorkshire verehrt.

Ein Mitglied: Ein seltenes Beispiel von der Großmut des ehrwürdigen Herrn, der diese Stücke selbst notwendig braucht.

Der Sekretär: Eine vollständige Sammlung aller Passierzettel von dem Schlagbaum zu Islington, seitdem er gesetzt ist, bis auf den heutigen Tag.

Ein Mitglied: Man muß die Sammlung sorgfältig aufheben. Dadurch kann künftig dieser Teil der englischen Geschichte vortrefflich aufgeklärt werden.

Der Sekretär: Eine hölzerne Medaille mit Shakespeares Bildnis von dem berühmten Maulbeerbaum, den Shakespeare zu Avon gepflanzt hat, und ein Pfennig von der Königin Anna, von dem Schauspieldirektor in Drurylane geschenkt.[33]

*

Foote ist durch einen allgemeinen Zuruf zum britischen Aristophanes erklärt; aber er hat nicht, wie der Grieche, Tugend, sondern Laster und Torheit verspottet. Er reichte weiter als die Gesetze und erhaschte manchen Verbrecher, welcher den Gerichten entrann. Kurz vor meiner Ankunft in London sollte L., ein reicher Betrüger, wegen eines falschen Eides am Pranger stehen. An dem Tage des Verhörs fand sein Sachwalter, was man in England a flaw in the indictment[34] nennt, und der Prozeß ging für diesmal verloren. An dem Abend des nämlichen Tages war dieser Elende so kühn, sich in einer der vordersten Logen auf dem Haymarket zu zeigen. Wie ihn Foote erblickte, hielt er sich die Nase fest zu und fragte den Schauspieler, der mit ihm auftrat: »Haben Sie nicht eine Prise Tobak?« Dieser schwieg betroffen. »Ei verdammt!« rief Foote, »hätte bald

---

[33] Dies ist ein Seitenblick auf Garrick, der Reliquien von diesem Baum verwahrte und, wie man ihm schuld gab, allzu haushälterisch war; aber so ein Mutwillen wurde Foote vergeben. Sie blieben darum die besten Freunde.

[34] Ein Fehler der Formalität in der Denunziation.

einen falschen Eid geschworen, daß der Herr keine Nase hat. Riechen denn Sie die faulen Eier nicht?«[35] –Jedermann begriff den Wink; es erhub sich ein furchtbar Gezisch; L. mußte sich kümmerlich retten und hatte wirklich am Pranger gestanden.

Foote war immer heiteren, fröhlichen Sinnes; er gab sich für keinen Weisen aus, aber er war ein Temperamentsphilosoph, der es mit den Stoikern aufnehmen konnte; denn auch selbst im körperlichen Schmerz verließ ihn seine Munterkeit nicht. Als ihm Pott sein Bein ablöste, rief er einmal ungeduldig, ob er noch nicht fertig sei. Pott, ein saurer Mann, gab ihm mürrisch zur Antwort, daß man hier nichts übereilen könne. »Nun«, sagte Foote, halb ohnmächtig, »zürnen Sie nicht, lieber Pott! Es ist das erstemal; wenn die Sache wieder vorkommt, will ich mich schon besser finden.«

Dieser Verlust schlug ihn so wenig nieder, daß er gerade darüber am häufigsten scherzte. »Ich bin«, sprach er, »ein elender Mann, mit *einem* Fuß schon im Grabe, aber darum mit dem Überrest nicht um einen Fingerbreit näher dabei.« In dem Stück »Der lahme Liebhaber«, eine seiner Lieblingsrollen, ist er über dieses hölzerne Bein unerschöpflich an Einfällen. Ich will die Stelle ganz hersetzen.

Circuit, ein Rechtsgelehrter, Sir Luke Limp, der lahme Liebhaber, und Scharlotte, Circuits Tochter

Circuit: Was in dem Mann für eine Munterkeit ist!

Sir Luke: Und warum nicht, alter Kasusklauber?

Circuit: Ich sage eben an Scharlotte, Sie haben durch Ihren Zufall nichts verloren.

Sir Luke: Gewonnen, Freund, gewonnen hab ich! Bedenk, weder Gallenspat noch Mauke, kein Rheumatismus, kein Podagra, kein Nagel im Fleisch, keine Hühneraugen! Niemand stößt mir das Schienbein entzwei oder tritt mir die Zehen zuschanden.

Circuit: Ist wahr.

Sir Luke: Was? Glauben Sie, ich wollte mit Freund Spindel tauschen, um einen seiner Trommelstöcke? oder mit Lord Lumber für seine beiden Klötze?

---

[35] Damit wirft der Pöbel die Verbrecher am Pranger.

Circuit: Nein!

Sir Luke: Auf Ehre, nein! Denn sehen Sie – mit dem Fuß hier kann ich alles beschicken. Zwar läßt's albern, wenn ich laufe; aber dafür will ich, mit dem Besten in der Stadt, um jede Wette hüpfen.

Circuit: Und ich pariere auf Ihre Hand – Fuß wollt ich sagen nbsp;–

Sir Luke: Ferner, was das Tanzen betrifft – von euren Bals parés bin ich freilich amputiert, denn es wird mir sauer im Gedräng; aber in einem ehrbaren Tanz von wenig Paaren oder auch in Stuhlmenuett – den will ich sehen, der's mit mir aufnimmt.

Scharlotte: Was ist ein Stuhlmenuett, Sir Luke?

Sir Luke: Sehen Sie, Kind – die französische Grazie besteht einzig und allein in der Bewegung des Kopfes, der Arme und der Hüften. *(Setzt sich nieder.)* Nun begreifen Sie, das kann alles im Sitzen geschehen. Es ist eins, ob man *einen* Fuß in der Welt oder soviel Füße als ein Polypus hat. Zum Exempel *(macht Menuettenbewegung)* tal de ral tal de ral tal tal. Hab ich recht oder nicht?

Circuit: Sie beweisen wenigstens zur Hälfte, Sir Luke.

Sir Luke: Ein Fuß ist wahrlich ein unnützer Auswuchs, ein eigentliches Nichts. Der Mensch ist eine üppige Kreatur. Wir könnten gern mit der Hälfte unsrer Glieder zurechtkommen.

Scharlotte: Ei, wie beweisen Sie das, Sir Luke?

Sir Luke: Durch beständige Erfahrung. Haben Sie den Mann nicht gesehen, der ohne Hände schreibt?

Scharlotte: Ja.

Sir Luke: Neulich hatte ich mich in einem Nebel verirret, und da zeigte mich ein stockblinder Bettler zurecht.

Circuit: Das geht an.

Sir Luke: Und Hören und Sehen, guter Freund, sind vollends überflüssige Organen.

Circuit: Wieso?

Sir Luke: Ich will Sie zu einer Familie führen, wo sie alle taub und stumm sind wie die Austern und schwatzen vom Morgen bis in die Nacht mit ihren Fingern nbsp;–

Circuit: Scharlotte, ein casus in terminis.

Sir Luke: Oh, klar wie ein Forellenbach! Ich bin mit dem Stückchen Holz zufrieden, und es hat mir in meinem Leben zu manchem bißchen Witz verholfen.

Circuit: So –

Sir Luke: Im letzten Sommer noch war in Tunbridge ein verteufelter Kerl vom Metier, der immer die ganze Gesellschaft mit seinen Heldentaten plagte. Er war gehauen, gestochen, geschossen, hatte eine Reise in die Luft mit einer Mine gemacht und drei Tage unterm Schutt gelegen. Alles das, wie er sagte, focht ihn nichts an. Die Stoiker waren Narren gegen ihn; er hatte nur konfuse Begriffe von dem Ding, das man Schmerz in der Welt nennt. Endlich war ich des Aufschneidens müde und schlug ihm eine bescheidene Wette vor nbsp;–

Circuit: Nun?

Sir Luke: Nun, weiter nichts, als jeder von uns sollte sich einen Korkzieher bis an den Griff in die Wade schrauben -

*

Im Umgange war Foote angenehmer, glänzender noch als auf der Bühne. Ein launiger Einfall jagte den andern. Er war die Geige jeder Gesellschaft,[36] wie man sich im Englischen ausdrückt. Man drängte sich um ihn. Große buhlten um seine Gunst; er hingegen beugte sich nicht vor Rang und Titel und wies den Hochmut bitter zurück. Einst nahm sich ein ungesitteter Lord heraus, ihn verächtlich »Herr Komödiant« zu nennen; »das bin ich«, gab ihm Foote zur Antwort, mit einem auf ihn gehefteten Blick, »und studiere jetzt eben einen Kaliban«.[37]

Er war wohltätig, freundlich, gefällig, unermüdet, seinen Freunden zu dienen; jedes Talent war ihm wert; jede Szene des Elends

---

[36] the fiddle of every society.

[37] Das grobe Untier im Shakespeare.

weckte sein Mitleid; seine Kasse war immer der Dürftigkeit offen. Seine Fehler rührten mehr aus Leichtsinn als aus einem verdorbenen Herzen her; weil er nie einen Einfall verschluckte, so hat er selbst seine Freunde nicht immer geschont, und man wirft ihm noch andre Schwachheiten vor. Aber wer mag schadenfroh den Schleier wegziehn, dessen jeder Sterbliche bedarf? Peace be to his ashes![38]

Es gibt eine ehrbare Menschengattung, die es äußerst abgeschmackt findet, daß ein Schauspieler, ein Histrion, wie man das Wort unter vornehmen Leuten übersetzt, höher als mancher Lord Mayor geschätzt wird. Aber, Freunde, es ist kein verächtliches Talent, vernünftige Leute lachen zu machen. Unvermischtes Vergnügen dürfte wohl in diesem Erdeleben allein in den Augenblicken gedeihen, wenn wir im Rausche der Fröhlichkeit nur wenig Spannen um uns sehn. Ernsthafte Weise haben uns klüger, aber darum nicht glücklicher gemacht. Wer uns belustigt, zaubert eine Feeninsel um uns her, in der wir uns vortrefflich gefallen. Darum ehren wir die Schöpfer der Freuden als Wohltäter des Menschengeschlechts.

---

[38] Friede mit seiner Asche!

Über tredition

Eigenes Buch veröffentlichen

tredition wurde 2006 in Hamburg gegründet und hat seither mehrere tausend Buchtitel veröffentlicht. Autoren veröffentlichen in wenigen leichten Schritten gedruckte Bücher, e-Books und audio-Books. tredition hat das Ziel, die beste und fairste Veröffentlichungsmöglichkeit für Autoren zu bieten.

tredition wurde mit der Erkenntnis gegründet, dass nur etwa jedes 200. bei Verlagen eingereichte Manuskript veröffentlicht wird. Dabei hat jedes Buch seinen Markt, also seine Leser. tredition sorgt dafür, dass für jedes Buch die Leserschaft auch erreicht wird.

Im einzigartigen Literatur-Netzwerk von tredition bieten zahlreiche Literatur-Partner (das sind Lektoren, Übersetzer, Hörbuchsprecher und Illustratoren) ihre Dienstleistung an, um Manuskripte zu verbessern oder die Vielfalt zu erhöhen. Autoren vereinbaren direkt mit den Literatur-Partnern die Konditionen ihrer Zusammenarbeit und partizipieren gemeinsam am Erfolg des Buches.

Das gesamte Verlagsprogramm von tredition ist bei allen stationären Buchhandlungen und Online-Buchhändlern wie z. B. Amazon erhältlich. e-Books stehen bei den führenden Online-Portalen (z. B. iBookstore von Apple oder Kindle von Amazon) zum Verkauf.

Einfach leicht ein Buch veröffentlichen: **www.tredition.de**

Eigene Buchreihe oder eigenen Verlag gründen

Seit 2009 bietet tredition sein Verlagskonzept auch als sogenanntes "White-Label" an. Das bedeutet, dass andere Unternehmen, Institutionen und Personen risikofrei und unkompliziert selbst zum Herausgeber von Büchern und Buchreihen unter eigener Marke werden können. tredition übernimmt dabei das komplette Herstellungs- und Distributionsrisiko.

Zahlreiche Zeitschriften-, Zeitungs- und Buchverlage, Universitäten, Forschungseinrichtungen u.v.m. nutzen diese Dienstleistung von tredition, um unter eigener Marke ohne Risiko Bücher zu verlegen.

Alle Informationen im Internet: **www.tredition.de/fuer-verlage**

tredition wurde mit mehreren Innovationspreisen ausgezeichnet, u. a. mit dem Webfuture Award und dem Innovationspreis der Buch Digitale.

tredition ist Mitglied im Börsenverein des Deutschen Buchhandels.

Dieses Werk elektronisch lesen

Dieses Werk ist Teil der Gutenberg-DE Edition DVD. Diese enthält das komplette Archiv des Projekt Gutenberg-DE. Die DVD ist im Internet erhältlich auf **http://gutenbergshop.abc.de**

FSC
www.fsc.org
MIX
Papier | Fördert
gute Waldnutzung
FSC® C083411

Zeitfracht Medien GmbH
Ferdinand-Jühlke-Straße 7
99095 Erfurt, Deutschland
produktsicherheit@kolibri360.de